Italijanska Kuhinja

Kuharica Biblija za Kuhanje

Tadik Maksimovića

SADRŽAJ

Pržene lignje 10

Lignje na venecijanski način 13

Lignje s artičokama i bijelim vinom 15

Punjeni lignji na žaru 17

Lignje punjene maslinama i kaparima 19

Punjeni lignji, rimski stil 22

Maurova hobotnica na žaru s komoračem i narančom 24

Hobotnica pirjana u rajčici 27

Salata od školjki 29

Ljuštura u ljutom umaku 31

Kuskus od plodova mora 34

Mješana riba 37

Riblji paprikaš na moliški način 39

Pileći kotleti po francuski 45

Pileći kotleti s bosiljkom i limunom 48

Pileći kotleti s kaduljom i graškom 50

Piletina s gorgonzolom i orasima 52

Pileći kotleti preliveni salatom 54

Pileće rolice s umakom od inćuna 57

Pileće rolice u crnom vinu 59

"Đavolja" piletina ... 61

Hrskava pečena piletina ... 63

Marinirana piletina na žaru ... 65

Pečena piletina s krumpirom i limunom ... 67

Piletina i povrće na seoski način ... 69

Piletina s limunom i bijelim vinom ... 72

Piletina s kobasicama i kiselom paprikom ... 75

Piletina sa celerom, kaparima i ružmarinom ... 77

Piletina na rimski način ... 79

Piletina s octom, češnjakom i ljutom papričicom ... 81

Toskanska pržena piletina ... 83

Piletina s pršutom i začinima ... 86

Piletina u stilu lovčeve žene ... 88

Piletina s vrganjima ... 91

Piletina s maslinama ... 93

Pileća jetrica s Vin Santom ... 95

Pečena piletina s ružmarinom ... 97

Pečena piletina s kaduljom i bijelim vinom ... 100

Piletina na način pečene svinje ... 102

Pečena piletina s marsalom i inćunima ... 104

Punjeni pečeni kopun ... 107

Marinirani svinjski kotleti na žaru ... 110

Rebra, furlanski 112

Rebra s umakom od rajčice 114

Začinjena rebarca, toskanski stil 116

Rebra i grah 118

Začinjeni svinjski kotleti s kiselim paprikama 120

Svinjski kotleti s ružmarinom i jabukama 122

Svinjski kotleti s umakom od gljiva i rajčice 124

Svinjski kotleti s vrganjima i crnim vinom 126

Svinjski kotleti sa kupusom 128

Svinjski kotleti s komoračem i bijelim vinom 130

Svinjski kotleti, pizzamarski stil 132

Svinjski kotleti, na moliški način 134

Balzamikom glazirani svinjski file s rukolom i parmigianom 136

Svinjski file sa začinskim biljem 139

Svinjski file na kalabrijski s medom i čilijem 141

Pečena svinjetina s krumpirom i ružmarinom 144

Svinjski lungić s limunom 146

Svinjski lungić s jabukama i rakijom 149

Pečena svinjetina s lješnjacima i vrhnjem 151

Toskanski lungić 153

Pečena svinjska lopatica s komoračem 155

Pečeni odojak 157

Začinjeni svinjski lungić bez kostiju 160

Pirjana svinjska lopatica u mlijeku 163

Pirjana svinjska lopatica s grožđem 165

Svinjska plećka pirjana u pivu 167

Janjeći kotleti s bijelim vinom 169

Janjeći kotleti s kaparima, limunom i kaduljom 171

Janjeći kotleti u hrskavom premazu 173

Janjeći kotleti s artičokama i maslinama 175

Janjeći kotleti s umakom od rajčice, kapara i inćuna 177

"Burn-the-Fingers" Janjeći kotleti 179

Janjetina na žaru, basilikata stil 181

Janjeći ražnjići na žaru 183

Janjeći paprikaš s ružmarinom, mentom i bijelim vinom 185

Umbrijski janjeći gulaš s pireom od slanutka 188

Janjetina na lovački način 191

Varivo od janjetine, krumpira i rajčice 193

Janjetina i paprikaš 195

Janjeća tepsija s jajima 197

Janjetina ili jaretina s krumpirom, sicilijanski 200

Apulijska tepsija od janjetine i krumpira 203

Janjeće koljenice sa slanutkom 206

Janjeće koljenice s paprikom i pršutom 208

Janjeće koljenice s kaparima i maslinama 211

Janjeće koljenice u umaku od rajčice 213

Janjeće pečenje s klinčićima, rimski stil 215

Punjena piletina u Ragù 217

Pečena kuhana piletina 220

Pile ispod cigle 223

Pileća salata sa limunom 225

Pileća salata sa dvije paprike 228

Pileća salata na pijemontski način 231

Rolana punjena pureća prsa 234

Poširana pureća mesna štruca 236

Pureće rolice u umaku od rajčice od crvenog vina 239

Pačja prsa sa slatko-kiselim smokvama 241

Začinjena pečena patka 244

Prepelice u tavi s vrganjima 246

Prepelice na žaru 249

Prepelice s rajčicama i ružmarinom 251

Pirjana prepelica 253

Odrezak na žaru, firentinski stil 260

Odrezak s glazurom od balsamica 262

Odresci od školjki s lukom, pancetom i crnim vinom 264

Rezani odrezak s rukolom 266

Odresci od pečenice s gorgonzolom 268

Punjene goveđe rolice u umaku od rajčice 270

Govedina i pivo 272

Gulaš od govedine i luka 274

Papreni goveđi gulaš 276

Goveđi paprikaš na furlanski 278

Varivo od miješanog mesa, na lovački način 280

Goveđi gulaš 283

Gulaš od volovskog repa, na rimski način 286

Pirjana goveđa koljenica 289

Patlidžan punjen govedinom 291

Napuljske mesne okruglice 293

Mesne okruglice s pinjolima i grožđicama 295

Ćufte s kupusom i rajčicama 298

Ćufte na bolonjski način 301

Ćufte u marsali 304

Mesna štruca, na stari napuljski način 306

Pečenje u loncu s crnim vinom 308

Pržene lignje

Fritti od lignji

Za 6 do 8 porcija

Mnogi ljudi izvan Italije baš i ne poistovjećuju lignje s lignjama, nešto što možda misle da ne vole. Samo znaju da vole "pržene lignje", koje su neodoljive poput čipsa. U Italiji, duž cijele obale, pržene lignje poslužuju se same ili kao dio miješane riblje prženice s malim škampima, bjelicama i mladim hobotnicama.

Na Siciliji su mi prije mnogo godina poslužili tanjur pun sitnih cijelih lignji prženih na ovaj način. Kad sam zabio vilicu u jedan, bio sam šokiran kad sam otkrio da vrećica s tintom nije uklonjena i duboka ljubičasto-crna tinta raspršila se po mom tanjuru. Fino je za jelo, iako je bilo neočekivano. U Sjedinjenim Državama s lignji se uklanjaju vrećice s tintom jer se plodovi mora bolje čuvaju bez vrećica i mogu se zamrznuti. (Većina lignji koje se ovdje prodaju bila je smrznuta.)

Ove lignje su lagano posute brašnom. Stvara tanak, proziran sloj kad se prži, a iako je hrskav, boja se jedva mijenja.

2 kg očišćenih lignji

1 šalica višenamjenskog brašna

1 žličica soli

Svježe mljeveni crni papar

Maslinovo ili biljno ulje za prženje

1 limun, izrezan na kriške

1. Napravite mali prorez na šiljatom kraju svake lignje. Temeljito isperite, puštajući vodu da teče kroz vrećicu tijela. Ocijedite i osušite. Tijela izrežite poprečno na kolutove od 1/2 inča. Ako su velike, prerežite bazu svake skupine ticala na pola. Nema brave.

2. Raširite brašno na list voštanog papira i začinite solju i paprom. Pleh obložite papirnatim ručnicima.

3. Ulijte ulje do dubine od 2 inča u duboku tešku tavu ili napunite fritezu prema uputama proizvođača. Zagrijte ulje na 370°F na termometru za prženje ili dok mali komad lignji stavljen u ulje ne zacvrči i lagano porumeni u 1 minuti.

4. Kada postignete odgovarajuću temperaturu, lagano uvaljajte nekoliko komada lignji u smjesu od brašna. Otresite višak brašna. Ubacite komade u vruće ulje pomoću hvataljki bez gužve u tavi. Kuhajte dok lignje ne poprime laganu zlatnu boju, oko 3 minute.

5. Šupičastom žlicom prebacite lignje na papirnate ručnike. Ponovite s preostalim lignjama. Pospite solju. Poslužite vruće s kriškama limuna.

Lignje na venecijanski način

Calamari alla Veneta

Za 4 porcije

U Veneciji se ovo radi od sepija, sipe i njezine tinte. Budući da je sipu teško pronaći, dobra zamjena su lignje. Većina lignji ovdje se prodaje bez vrećice s tintom, iako mnoge ribarnice prodaju lignje ili crnilo od sipe u malim plastičnim omotnicama. Ako je dostupno, dodajte malo tinte sastojcima umaka za duboko bogatu boju i okus. U Veneciji se uz ribu često poslužuje Palenta napravljen od bijelog, a ne žutog kukuruznog brašna.

¼ maslinovog ulja

¼ šalice sitno nasjeckanog luka

2 cijela češnja češnjaka

2 kg kalamara (lignji), očišćenih i narezanih na kolutove

2 srednje rajčice, oguljene, bez sjemenki i nasjeckane, ili 1 šalica nasjeckanih rajčica iz konzerve

½ šalice suhog bijelog vina

Sol i svježe mljeveni crni papar

1. Ulijte ulje u veliku tešku tavu. Dodajte luk i češnjak i kuhajte na srednjoj vatri, često miješajući, dok luk ne porumeni, oko 10 minuta. Bacite češnjak.

2. Dodajte lignje, rajčice, vino te sol i papar po ukusu. Pustite da zavrije i kuhajte dok se umak ne zgusne i lignje ne omekšaju, oko 30 minuta. Poslužite vruće.

Lignje s artičokama i bijelim vinom

Lignje i Carciofi

Za 4 porcije

Slatkoća artičoka nadopunjuje okus nekoliko klasičnih recepata s plodovima mora iz Ligurije. Ako se ne želite mučiti s čišćenjem svježih artičoka, možete ih zamijeniti pakiranjem smrznutih srca artičoka.

1 1/2 funte očišćenih kalamara (lignje)

4 srednje artičoke

1 češanj češnjaka, sitno nasjeckan

2 žlice nasjeckanog svježeg peršina

1/4 šalice maslinovog ulja

1 šalica suhog bijelog vina

Sol i svježe mljeveni crni papar

1. Lignje temeljito isperite iznutra i izvana. Dobro ocijediti. Tijela izrežite poprečno na kolutove od 1/2 inča. Prepolovite pipke kroz bazu. Nema brave.

2. Obrežite artičoke, uklanjajući kraj stabljike i sve vanjske listove dok ne dođete do blijedozelenog središnjeg stošca. Malim nožem odrežite sve tamnozelene mrlje s baze. Prerežite artičoke na pola i ostružite nejasan unutarnji dio. Svaku polovicu narežite na tanke ploške.

3. Stavite češnjak, peršin i ulje u veliku tavu na srednju vatru. Kuhajte dok češnjak ne porumeni, oko 1 minutu. Umiješajte lignje i posolite po ukusu. Dodajte vino i pustite da kuha na laganoj vatri. Poklopite i kuhajte 20 minuta.

4. Umiješajte artičoke i 2 žlice vode. Kuhajte 30 minuta ili dok ne omekša. Poslužite vruće.

Punjeni lignji na žaru

Zreli kalamari

Za 4 porcije

Lignje su savršene za nadjev, ali kupujte velike lignje ili će posao biti dosadan. Ne punite tjelesne šupljine više od pola. Kuhanjem se znatno stisnu, pa nadjev može ispucati ako su previše napunjeni. Ovaj recept je iz Puglie u južnoj Italiji.

8 do 12 velikih kalamara (lignji), oko 6 do 8 inča dugih, očišćenih

1 šalica običnih suhih krušnih mrvica

¼ šalice maslinovog ulja

2 žlice naribanog Pecorino Romano ili Parmigiano-Reggiano

1 češanj češnjaka, sitno nasjeckan

1 žlica nasjeckanog svježeg peršina

Sol i svježe mljeveni crni papar

1 limun, izrezan na kriške

1. Napravite mali prorez na šiljatom kraju svake lignje. Temeljito isperite, puštajući vodu da teče kroz vrećicu tijela. Ocijedite i osušite.

2. Pomiješajte krušne mrvice, ulje, sir, češnjak, peršin te sol i papar po ukusu. Odvojite 1/4 šalice smjese. Ostatak smjese rastresito nadjevati u lignje, tako da ih napunite do pola. Gurnite pipke u vrećicu tijela i pričvrstite ih drvenim pijucima. Lignje uvaljajte u preostalu smjesu od krušnih mrvica.

3. Postavite rešetku za roštilj ili rešetku za broilere oko 5 inča od izvora topline. Prethodno zagrijte roštilj ili brojler.

4. Pecite lignje na roštilju dok tijelo ne postane neprozirno i lagano porumene, oko 2 minute po strani. Prebacite na pladanj i poslužite vruće s kriškama limuna.

Lignje punjene maslinama i kaparima

Zreli kalamari

Za 4 porcije

Lignje brzo otvrdnu kada se zagriju, ali postanu mekane kada se kuhaju u tekućini najmanje 30 minuta. Za najbolju teksturu lignje skuhajte brzo, pecite ih na roštilju ili pržite ili ih polako pirjajte dok ne omekšaju, kao u ovom receptu.

2 1/2 funte očišćenih velikih lignji (lignji), dugih oko 6 do 8 inča

2 žlice maslinovog ulja

1 češanj češnjaka, sitno nasjeckan

1/2 šalice običnih krušnih mrvica

2 žlice nasjeckanog svježeg peršina

2 žlice nasjeckanih Gaeta ili drugih blagih crnih maslina

2 žlice nasjeckanih, ispranih i ocijeđenih kapara

1/2 žličice sušenog origana, izmrvljenog

Sol i svježe mljeveni crni papar

Umak

¼ šalice maslinovog ulja

½ šalice suhog crnog vina

2 šalice nasjeckanih konzerviranih pelata s njihovim sokom

1 veliki češanj češnjaka, lagano zgnječen

Prstohvat mljevene crvene paprike

Sol

1. Napravite mali prorez na šiljatom kraju svake lignje. Temeljito isperite, puštajući vodu da teče kroz vrećicu tijela. Ocijedite i osušite. Nožem odvojite tijela od pipaka. Ostavite tijela sa strane. Pipke nasjeckajte velikim nožem ili u sjeckalici.

2. Ulijte 2 žlice ulja u srednju tavu. Dodajte češnjak. Kuhajte na srednjoj vatri dok češnjak ne počne poprimati zlatnu boju, oko 1 minutu. Umiješajte pipke. Kuhajte uz miješanje 2 minute. Dodajte krušne mrvice, peršin, masline, kapare i origano. Posoliti i popapriti po ukusu. Maknite s vatre i ostavite da se ohladi.

3. Malom žličicom smjesu krušnih mrvica lagano udijevajte u tijela lignji, napunite ih samo do pola. Lignje pričvrstite drvenim čačkalicama.

4. Odaberite dovoljno veliku tavu da u nju stane sve lignje u jednom sloju. Ulijte 1/4 šalice ulja i zagrijte na srednje jakoj vatri. Dodajte lignje i kuhajte okrećući ih hvataljkama dok ne postanu neprozirne, oko 2 minute po strani.

5. Dodajte vino i pustite da zakuha. Umiješajte rajčice, češnjak, mljevenu crvenu papriku i sol po ukusu. Zakuhajte. Djelomično poklopite tavu i kuhajte lignje, povremeno ih okrećući, dok ne omekšaju, 50 do 60 minuta. Dodajte malo vode ako umak postane pregust. Poslužite vruće.

Punjeni lignji, rimski stil

Calamari Ripieni alla Romana

Za 4 porcije

Kad sam prije mnogo godina studirao talijanski u Rimu, često sam ručao u obiteljskoj tratoriji u blizini škole. Svakoga dana mjesto bi se ispunilo radnicima iz obližnjih trgovina i uredskih zgrada koji bi punili blagovaonicu tražeći domaća jela koja su posluživali. Jelovnik je bio ograničen, ali je bio jeftin i vrlo dobar. Ovo je moja interpretacija njihovih punjenih lignji.

1 1/2 funte očišćenih velikih lignji (lignji), dugih oko 6 do 8 inča

1 šalica običnih suhih krušnih mrvica

3 češnja češnjaka, sitno nasjeckana

2 žlice sitno nasjeckanog svježeg plosnatog peršina

Sol i svježe mljeveni crni papar

5 žlica maslinovog ulja

1 velika glavica luka sitno nasjeckana

2 šalice oguljenih, sjemenki i nasjeckanih rajčica

½ šalice suhog bijelog vina

1. Napravite mali prorez na šiljatom kraju svake lignje. Temeljito isperite, puštajući vodu da teče kroz vrećicu tijela. Ocijedite i osušite. Pipke sitno nasjeckajte.

2. U zdjeli pomiješajte pipke, krušne mrvice, češnjak, peršin te sol i papar po ukusu. Dodajte 2 do 3 žlice maslinovog ulja ili dovoljno da navlažite smjesu. Malom žličicom smjesu od krušnih mrvica lagano ubacite u lignje, punite ih samo do pola. Lignje pričvrstite drvenim čačkalicama.

3. Preostale 3 žlice ulja ulijte u veliku tavu. Dodajte luk. Kuhajte na srednjoj vatri, često miješajući, dok ne omekša, oko 10 minuta. Umiješajte rajčice, vino te sol i papar po ukusu. Pustite da zakuha, a zatim smanjite vatru. Dodajte lignje. Poklopite i kuhajte, povremeno miješajući, 50 do 60 minuta ili dok lignje ne omekšaju kada ih probodete vilicom. Poslužite vruće.

Maurova hobotnica na žaru s komoračem i narančom

Insalata di Polipo

Za 4 porcije

Salata od komorača i naranče je klasično sicilijansko jelo. U ovom kreativnom receptu mog prijatelja kuhara Maura Mafricija, osvježavajuću salatu nadopunjava hrskava hobotnica na žaru. Svakako narežite komorač što tanje, oštrim nožem, mandolinom ili vrlo finom oštricom kuhače za hranu.

Hobotnice mogu izgledati zastrašujuće, ali potrebno je malo truda da se pripreme. Kada se pravilno skuhaju, blagog su okusa i ugodne za žvakanje. Hobotnica se obično prodaje na ribljim odjelima supermarketa ili ribarnicama smrznuta ili odmrznuta. Ako ste ga kupili smrznutog, otopite ga u posudi s hladnom vodom, mijenjajući vodu nekoliko puta. Ovaj se recept obično radi s malom hobotnicom koja teži oko 6 unci svaka. Jedna velika hobotnica može se zamijeniti ako male nisu dostupne.

4 do 8 mladih hobotnica, oko 6 unci svaka, ili 1 velika hobotnica, oko 2 1/2 funte

5 žlica ekstra djevičanskog maslinovog ulja

1 češanj češnjaka, sitno nasjeckan

2 žlice krupno nasjeckanog plosnatog peršina

Sol i svježe mljeveni crni papar

1 srednja lukovica komorača

1 žlica svježe iscijeđenog soka od limuna ili po ukusu

2 ili 3 pupčane naranče, oguljene i izrezane na komade

1 šalica blagih crnih maslina, kao što je Gaeta

1. Provjerite bazu hobotnice da vidite je li joj uklonjen tvrdi okrugli kljun. Istisnite ga ako je potrebno. Zakuhajte veliki lonac s vodom. Dodajte hobotnicu i pirjajte dok ne omekša kad je probodete nožem, 30 do 60 minuta. Hobotnicu operite i osušite. Veliku hobotnicu narežite na komade od 3 inča.

2. U zdjeli pomiješajte hobotnicu s 3 žlice ulja, češnjakom, peršinom i prstohvatom soli i papra. Ostavite da se marinira 1 sat do preko noći u hladnjaku

3. Odrežite bazu komorača i odrežite sve modrice. Uklonite zelene stabljike, a pernato zeleno lišće, ako ga ima, ostavite za ukras.

Koromač uzdužno narežite na četvrtine i odstranite mu središte. Narežite četvrtine poprečno na vrlo tanke ploške. Trebali biste imati oko 3 šalice.

4. U srednjoj posudi umutite preostale 2 žlice ulja, limunov sok i sol po ukusu. Dodajte komorač, komadiće naranče, masline i listove komorača, ako ih ima, i lagano promiješajte.

5. Stavite rešetku za roštilj ili posudu za pečenje na oko 4 inča od topline. Prethodno zagrijte roštilj ili brojler. Kad je spremna, ispecite hobotnicu na roštilju, okrećući je jednom, dok ne porumeni i postane hrskava, oko 3 minute sa svake strane.

6. Salatu od komorača rasporedite na četiri tanjura i na vrh stavite hobotnicu. Poslužite odmah.

Hobotnica pirjana u rajčici

Polipetti u salsi di Pomodoro

Čini 4

Nekoć su ribari svježe ulovljene hobotnice udarali o stijene kako bi omekšale. Ali danas njihovo zamrzavanje i odmrzavanje pomaže u razgradnji žilavih vlakana. Kuhanje u vodi, neopolitanska metoda, osigurava da će biti mekani. Poslužite s puno dobrog kruha da upije umak.

4 do 8 mladih hobotnica, oko 6 unci svaka, ili 1 velika hobotnica, oko 2 1/2 funte

1/4 šalice maslinovog ulja

2 šalice nasjeckanih konzerviranih pelata s njihovim sokom

4 žlice nasjeckanog svježeg peršina

2 velika češnja češnjaka, sitno nasjeckana

Prstohvat mljevene crvene paprike

Sol

1. Provjerite bazu hobotnice da vidite je li joj uklonjen tvrdi okrugli kljun. Istisnite ga ako je potrebno. Zakuhajte veliki lonac s vodom. Dodajte hobotnicu i pirjajte dok ne omekša kad je probodete nožem, 30 do 60 minuta. Ocijedite i osušite hobotnicu, a dio tekućine od kuhanja ostavite. Veliku hobotnicu narežite na komade veličine zalogaja.

2. U velikom teškom loncu zagrijte ulje na srednje jakoj vatri. Dodajte hobotnicu, rajčice, 3 žlice peršina, češnjak, crvenu papriku i sol po ukusu. Promiješajte da se sjedini. Neka umak prokuha. Poklopite lonac i kuhajte na vrlo laganoj vatri uz povremeno miješanje 30 minuta. Dodajte malo odložene tekućine ako umak postane presuh.

3. Otklopite i kuhajte još 15 minuta, ili dok umak ne postane gust. Poslužite vruće.

Salata od školjki

Insalata di Scungilli

Za 4 porcije

Na Badnjak je stol moje obitelji uvijek bio krcat raznolikom ribom i morskim plodovima—serviranim u salatama, pečenim, punjenim, s umakom i prženim. Mom ocu je bila najdraža ova salata napravljena od školjki ili morskih puževa — sličnih vrsta morskih puževa — iako smo je uvijek zvali scungilli na napuljskom dijalektu.

Hrskavi celer nadopunjuje pomalo žvakaću morsku hranu, iako se može zamijeniti svježim komoračem.

1 funta svježeg ili smrznutog mesa školjkaša (scungilli)

Sol

1/3 šalice ekstra djevičanskog maslinovog ulja

2 nježna rebra celera

2 žlice nasjeckanog svježeg peršina

1 češanj češnjaka, sitno nasjeckan

Prstohvat mljevene crvene paprike

2 do 3 žlice svježeg soka od limuna

Radič ili listovi zelene salate

1. Ako koristite svježe školjke, idite na korak 2. Ako su školjke smrznute, stavite ih u zdjelu s hladnom vodom da budu pokrivene. Stavite zdjelu u hladnjak na najmanje 3 sata do preko noći, povremeno mijenjajući vodu.

2. Zakuhajte vodu srednje veličine. Dodajte školjku i 1 žličicu soli. Kad voda ponovno zavrije, kuhajte školjku dok ne omekša kada je probodete vilicom, oko 20 minuta. Ocijedite i osušite.

3. Počnite rezati školjku na kriške od 1/4 inča. Kada dođete do tamne cijevi ispunjene spužvastom tvari, izvucite je ili izrežite i odbacite, čak i ona može biti zrnasta. S vanjske strane tijela nalazi se još jedna cijev koju nije potrebno uklanjati. Kriške dobro isperite i osušite tapkanjem.

4. U srednjoj zdjeli pomiješajte celer, peršin, češnjak, crvenu papriku, 2 žlice limunova soka i prstohvat soli. Dodajte školjku i kušajte začine, dodajući preostali sok od limuna ako je potrebno.

5. Ohladite do 1 sat ili odmah poslužite na podlozi od lišća radiča ili zelene salate.

Ljuštura u ljutom umaku

Scungilli u Salsa Piccante

Za 6 do 8 porcija

Kad sam bio dijete, moja je obitelj običavala ići iz našeg doma u Brooklynu u Malu Italiju u središtu Manhattana po plodove mora. Moj otac i stričevi naručivali bi ovo jelo, tražeći od konobara da njihovo bude posebno začinjeno. Plodovi mora i umak žlicom su se dodavali preko fresellea, tvrdog keksa začinjenog s puno crnog papra, koji je jelo dodatno ljutio. Moja sestra i sestrične i ja bismo umjesto toga dijelile tanjur prženih morskih plodova ili punjenih školjki, ne sluteći da ćemo jednog dana uživati u tako začinjenoj hrani.

U mom kraju nije lako pronaći svježeg školjkaša ili ribicu (poznatu na talijanskom kao scungilli), pa koristim onu vrstu koja je djelomično prethodno kuhana i smrznuta. Ima ga u većini ribarnica. Koristim i tostirani kruh. Ali ako želite, freselle se može naći u mnogim talijanskim pekarnicama. Rukama ih izlomite na komadiće i poškropite vodom da malo omekšaju.

2 funte djelomično kuhanog svježeg ili smrznutog mesa školjkaša ili koruša (scungilli)

⅓ šalice maslinovog ulja

2 velika češnja češnjaka, sitno nasjeckana

Prstohvat mljevene crvene paprike ili po ukusu

2 (28 unci) konzerve pelata, nasjeckanih

1 šalica suhog bijelog vina

Sol

2 žlice nasjeckanog svježeg peršina

Kriške talijanskog kruha, tostirane

1. Ako koristite svježe školjke, idite na korak 2. Ako su školjke smrznute, stavite ih u zdjelu s hladnom vodom da budu pokrivene. Zdjelu stavite u hladnjak na nekoliko sati ili preko noći, povremeno mijenjajući vodu.

2. Počnite rezati školjku na kriške od 1/4 inča. Kada dođete do tamne cijevi ispunjene spužvastom tvari, izvucite je ili izrežite i odbacite, čak i ona može biti zrnasta. S vanjske strane tijela nalazi se još jedna cijev koju nije potrebno uklanjati. Kriške dobro isperite i osušite tapkanjem.

3. Ulijte ulje u veliki lonac. Dodajte češnjak i mljevenu crvenu papriku. Kuhajte na srednjoj vatri dok češnjak ne porumeni, oko 2 minute. Dodajte rajčice i njihov sok, vino i sol po ukusu. Zakuhajte. Kuhajte 15 minuta na laganoj vatri uz povremeno miješanje.

4. Dodajte školjku i pustite da zakuha. Kuhajte uz povremeno miješanje dok školjka ne omekša i umak se zgusne, oko 30 minuta. Ako umak postane pregust, umiješajte malo vode. Probajte začine, po želji dodajte još papra. Umiješajte peršin.

5. Stavite kriške prepečenog talijanskog kruha na dno 4 zdjelice za tjesteninu. Žlicom nanesite školjku i odmah poslužite.

MIJEŠANI PLODOVI MORA

Kuskus od plodova mora

kus kus

Za 4 do 6 porcija

Kuskus datira barem iz devetog stoljeća na Siciliji, kada su Arapi vladali zapadnim dijelom otoka. Nekada se pravio ručnim valjanjem griza u sitne kuglice, ali sada je dostupan već skuhan (instant) u svim trgovinama. U primorskom gradu Trapaniju kus-kus se priprema s mesom, ribom ili povrćem. Ovo je moja verzija kus-kusa s plodovima mora koju sam kušao dok sam bio u tom kraju.

Obično je uz riblja jela bolje koristiti riblju juhu, ali u krajnjem slučaju možete koristiti i pileću juhu; domaće je uvijek poželjno.

2 šalice ribe sat<ins>Pileća juha</ins>

2 šalice vode

1 1/2 šalice instant kus-kusa

Sol

1/4 šalice maslinovog ulja

1 veliki luk, nasjeckan

2 češnja češnjaka, vrlo sitno nasjeckana

1 list lovora

2 velike rajčice, oguljene, bez sjemenki i nasjeckane, ili 2 šalice nasjeckanih rajčica iz konzerve sa sokom

4 žlice nasjeckanog svježeg peršina

Prstohvat mljevenog cimeta

Prstohvat mljevenog klinčića

Prstohvat svježe mljevenog muškatnog oraščića

Prstohvat niti šafrana, izmrvljen

Prstohvat mljevenog kajenskog paprikaša

Sol i svježe mljeveni crni papar

2 funte raznih fileta ili odrezaka od čvrste ribe, kao što su sabljarka, iverak, grdobina ili brancin i školjke

1. Zakuhajte juhu i vodu. Stavite kus-kus u zdjelu otpornu na toplinu i umiješajte 3 šalice tekućine i soli po ukusu. Preostalu tekućinu ostavite sa strane. Pokrijte kus-kus i ostavite da odstoji dok se tekućina ne upije, oko 10 minuta. Kus-kus izbosti vilicom.

2. Ulijte ulje u lonac dovoljno velik da u njega stane riba u jednom sloju. Dodajte luk i češnjak. Kuhajte na srednje niskoj vatri, često miješajući, dok ne omekša, oko 10 minuta. Dodajte lovorov list i kuhajte još 1 minutu. Dodajte rajčice, 2 žlice peršina, cimet, klinčiće, muškatni oraščić, šafran i ljutu papriku. Kuhajte 5 minuta. Dodajte 2 šalice vode te sol i papar po ukusu. Zakuhajte.

3. U međuvremenu uklonite kožu ili kosti s ribe. Narežite ribu na komade od 2 inča.

4. Dodajte ribu u lonac. Poklopite i kuhajte 5 do 10 minuta, ili dok riba ne bude jedva neprozirna u najdebljem dijelu. Šupljikavom žlicom prebacite ribu na topli tanjur. Pokrijte i držite na toplom.

5. Dodajte kus-kus u lonac. Poklopite i kuhajte 5 minuta, ili dok se ne zagrije. Kušajte i prilagodite začine. Dodajte malo sačuvane juhe ako vam se kus-kus čini suh.

6. Žlicom stavite kus-kus na duboki pladanj za posluživanje. Lopta s ribom. Pospite preostalim peršinom i odmah poslužite.

Mješana riba

Gran Fritto Misto di Pesce

Za 4 do 6 porcija

Dovoljan je tanki sloj brašna da se na sitnoj ribi ili izrezanim komadićima lignji napravi lagana korica. Ovu metodu možete koristiti za jednu vrstu ribe ili plodova mora, kao što su lignje, ili koristiti nekoliko vrsta.

4 unce očišćenih kalamara (lignje)

1 funta vrlo male svježe ribe, kao što je bjelica, svježi (ne konzervirani) inćuni ili sardine, očišćene

4 unce malih škampi, bez ljuske i žilica

1 šalica višenamjenskog brašna

1 žličica soli

Biljno ulje za prženje

1 limun, izrezan na kriške

1. Lignje operite i dobro ocijedite. Tijela narežite na kolutove od 1/2 inča. Ako su velike, prerežite svaku skupinu ticala na pola kroz bazu. Uklanjanje glave malim cijelim ribama kao što su inćuni ili sardine nije obavezno. Bijeli mamac se uvijek ostavlja cijeli. Ribu temeljito isperite iznutra i izvana. Nema brave.

2.Pomiješajte brašno i sol na komadu voštanog papira, a zatim ga raširite.

3.Pleh obložite papirnatim ručnicima. U duboki teški lonac ulijte dovoljno ulja da dosegne dubinu od 2 inča ili ako koristite električnu fritezu, slijedite upute proizvođača. Zagrijte ulje na 370°F na termometru za duboko prženje, ili dok komad kruha od 1 inča koji je pao u ulje ne zacvrči i porumeni u 1 minuti.

4.Ubacite malu šaku ribe i školjki u mješavinu brašna. Otresite višak. Hvataljkama pažljivo ubacite ribu u vruće ulje. Nemojte gužvati tavu. Pržite dok ne postane hrskavo i lagano zlatno, oko 2 minute.

5.Rupičastom žlicom premjestite ribu na papirnate ubruse da se ocijedi. Držite na toplom u slaboj pećnici. Na isti način skuhajte i preostale plodove mora. Poslužite vruće s kriškama limuna.

Riblji paprikaš na moliški način

Zuppa di Pesce alla Marinara

Čini 6 porcija

Riblji paprikaš na moliški način razlikuje se od ostalih krajeva zbog prisutnosti velike količine slatke zelene paprike. Koristite dugu talijansku papriku za prženje ili zelenu papriku. Idealno bi bilo da ovo napravite sa što većim izborom riba, ali ja sam to napravio samo sa lignjama (lignjama) i grdobinom i bilo je jako dobro. Molise kuhari mogu koristiti jastoga, hobotnicu i kamenjara ili druge sorte s čvrstim mesom.

¼ šalice maslinovog ulja

1½ funte talijanske pržene paprike, bez sjemenki i nasjeckane

1 glavica luka nasjeckana

Sol

2 žlice crvenog vinskog octa

½ funte kalamara (lignje), izrezanih na kolutove

Čvrsti odresci ili fileti bijele ribe od 1 funte, izrezani na komade od 2 inča

½ funte srednjih škampa, očišćenih od ljuske, žica i izrezanih na komade od 1/2 inča

2 žlice nasjeckanog svježeg peršina

6 do 12 kriški talijanskog kruha, prepečenog

Ekstra djevičansko maslinovo ulje

1. U velikom loncu zagrijte ulje na srednje jakoj vatri. Umiješajte paprike, luk i sol po ukusu. Poklopite i smanjite vatru na najnižu. Kuhajte, povremeno miješajući, dok ne omekša, oko 40 minuta. Maknite s vatre i ostavite da se ohladi.

2. Sastružite sadržaj tave u procesor hrane ili blender. Procesirajte dok ne postane glatko. Dodajte ocat i sol po ukusu i ponovno kratko pomiješajte.

3. Ostružite mješavinu paprike i luka natrag u tavu. Dodajte 1 do 2 šalice vode ili dovoljno da tekućina bude gusta poput vrhnja. Pustite da lagano kuha na srednje niskoj vatri. Dodajte lignje i kuhajte dok ne omekšaju kada ih probodete vilicom, oko 20 minuta.

4. Dodajte komade ribe i škampe. Kuhajte dok riba ne bude kuhana, oko 5 minuta. Umiješajte peršin. Poslužite vruće s tostiranim kruhom i malo ekstra djevičanskog maslinovog ulja.

Perad

Talijanski kuhari imaju širok izbor peradi. Osim piletine i puretine, kopun, fazan, biserka, patka, guska, golub, prepelica i druge ptice su lako dostupni.

Sve do poslije Drugog svjetskog rata piletina se u Italiji nije jela mnogo. Perad je bila skupa, a živa kokoš mogla je proizvesti jaja za obitelj na farmi za hranu ili prodaju. Kokoši su se ubijale samo kada su postale prestare da nose jaja, kada je netko u obitelji bio bolestan i trebao dodatnu hranu ili za posebne gozbe. Mnogi od današnjih recepata za piletinu nekoć su se pripremali s divljim pticama ili zečevima.

Za Božić i druge blagdane Talijani često služe kopuna. Okus kopuna sličan je piletini, ali dublji i bogatiji. Pečeni kopun s nadjevom od mesa ili kruha jede se u cijeloj Italiji. U Emiliji-Romagni kopuni se peku i pune ili kuhaju kako bi se napravila juha u kojoj se kuhaju sitni ručno oblikovani tortelini. Jedan tradicionalni recept iz Veneta je kopun izrezan na komade, začinjen biljem i kuhan na pari u svinjskom mjehuru kako bi zadržao okus. U Pijemontu se kopuni pune tartufima i kuhaju ili peku za blagdanska jela. Kopun se po želji može zamijeniti malom puretinom ili velikim pečenim piletinom.

Većina recepata u ovom poglavlju odnosi se na piletinu i puretinu jer je njihova opskrba u Sjedinjenim Državama pouzdana i stalna. Za dobar okus piletine i puretine radije koristim perad iz slobodnog uzgoja uzgojenu bez antibiotika. Iako su organske ptice i ptice iz slobodnog uzgoja skuplje, boljeg su okusa, bolje teksture i bolje su za vas.

Bez obzira na to koju ćete vrstu peradi kuhati, uklonite iznutrice, jetru i sve ostale dijelove koji se nalaze unutar šupljine ili u području vrata. Dobro isperite pticu iznutra i izvana. Povremeno ćete vidjeti još pričvršćena pera, koja treba ukloniti prstima ili pincetom. Neke vrste peradi, poput piletine, kopuna i patke, imaju višak masnoće koja se može izvući ili izrezati iz šupljine. Ako ćete pticu kuhati cijelu, savijte vrhove krila iza leđa. Umetnite bilo koji nadjev ili sastojke za aromu, a zatim zavežite batak kuhinjskom uzicom za uredan izgled i ravnomjernije pečenje.

Neke kokoši, purice i druge velike ptice dolaze s malim toplomjerom umetnutim u prsa. Ovi uređaji su često neprecizni, niti se mogu začepiti sokovima od kuhanja. Najbolje je osloniti se na termometar s trenutnim očitanjem kako biste provjerili spremnost. Piletina, puretina i kopun su gotovi kada se izbistri but kad se probode vilicom i temperatura u najdebljem dijelu buta je 170° do 175°F (za kopuna 180°F) u trenu. očitati termometar.

Pazite da termometar ne dodiruje kost (inače bi temperatura mogla biti viša od temperature mesa). Prepelica, guska i patka se u Italiji jedu dobro pečene, s izuzetkom pačjih prsa. Kad se kuhaju u tavi, pačja se prsa obično poslužuju srednje pečena.

PILEĆI KOTLETI (SCALOPPINES)

Scaloppin su tanke kriške mesa ili peradi bez kostiju i kože, koje se na engleskom obično nazivaju kotleti. Mogu se napraviti od bilo koje vrste mesa, a ponekad čak i od ribe s čvrstim mesom, ali u Sjedinjenim Državama najčešći su teletina, piletina i puretina. Iako nisu najukusniji komadi, scaloppin ili kotleti su mekani, brzo se kuhaju i dobro podnose razne okuse, pa su dobar izbor za brza jela.

Teleće meso je najtipičnije za talijansku kuhinju, ali dobra teletina je skupa i nije uvijek lako dostupna, pa mnogi kuhari u Sjedinjenim Državama koriste pileće ili pureće kotlete.

Kada kupujete pileće kotlete, tražite cijele, dobro podrezane kriške. Kod kuće provjerite jesu li kriške dovoljno tanke, najbolje je ne više od 1/4 inča.

Ako je meso deblje ili neravnomjerno izrezano, stavite kriške između dva lista voštanog papira ili plastične folije. Nježno ih izlupajte glatkim predmetom kao što je čekić za meso. Jeftin gumeni vodoinstalaterski čekić iz željezarije čini dobar posao. Nemojte koristiti čekić s oštrom površinom koji je namijenjen za razbijanje vlakana i omekšavanje mesa i nemojte previše udarati ili ćete umjesto tankih, ravnih kotleta dobiti sitno nasjeckano meso.

Pileći kotleti po francuski

Pollo alla Francese

Za 4 porcije

Mnogi talijansko-američki restorani imali su običaj ove kotlete u laganoj kori od jaja s umakom od limuna. Ne znam zašto se zove Francese, što znači "u francuskom stilu", ali možda zato što se mislilo da je elegantan. I dalje je omiljena i izvrsnog je okusa s graškom ili špinatom.

1 1/4 funte tanko narezanih pilećih kotleta

Sol i svježe mljeveni crni papar

2 velika jaja

1/2 šalice višenamjenskog brašna

1/2 šalice <u>Pileća juha</u> ili kupljeno u trgovini

1/4 šalice suhog bijelog vina

2 do 3 žlice svježeg soka od limuna

3 žlice maslinovog ulja

3 žlice neslanog maslaca

1 žlica svježeg ravnog peršina

1 limun, izrezan na kriške

1. Stavite kriške piletine između dvije plastične folije. Nježno istucite kriške na debljinu od oko 1/4 inča. Pospite piletinu solju i paprom.

2. U plitkoj zdjeli umutite jaja sa soli i paprom dok se dobro ne sjedine. Raširite brašno na komad voštanog papira. Pomiješajte juhu, vino i limunov sok.

3. U velikoj tavi zagrijte ulje s maslacem na srednje jakoj vatri dok se maslac ne otopi. U brašno umočite samo onoliko kotleta koliko stane u tavu u jednom sloju. Zatim ih umočite u jaje.

4. Posložite kriške u tepsiju u jednom sloju. Kuhajte piletinu dok ne porumeni na dnu, 2 do 3 minute. Okrenite piletinu hvataljkama i zapržite je s druge strane, još 2 do 3 minute. Regulirajte vatru da maslac ne zagori. Prebacite piletinu na tanjur. Pokrijte folijom i držite na toplom. Ponovite s preostalom piletinom.

5. Kada je sva piletina gotova, dodajte mješavinu juhe u tavu. Pojačajte vatru i kuhajte stružući tavu dok se umak malo ne zgusne. Umiješajte peršin. Vratite komade piletine u tavu i

okrenite ih jednom ili dva puta u umaku. Poslužite odmah s kriškama limuna.

Pileći kotleti s bosiljkom i limunom

Scaloppine di Pollo al Basilico e Limone

Za 4 porcije

Talijani kažu: "Što raste, zajedno ide", a to svakako vrijedi za limun i bosiljak. Pojeo sam ovo elegantno, ali brzo i jednostavno jelo u vrlo lijepom hotelu Quisisana na otoku Capri blizu obale Napulja. Poslužite ga sa špinatom namazanim maslacem ili šparogama i bocom falanghine, aromatičnog bijelog vina iz regije Campania.

1 1/4 funte tanko narezanih pilećih ili purećih kotleta

Sol i svježe mljeveni crni papar

3 žlice neslanog maslaca

1 žlica maslinovog ulja

2 žlice svježeg soka od limuna

12 svježih listova bosiljka naslaganih i narezanih na tanke trakice

1. Stavite kriške piletine između dvije plastične folije. Nježno istucite kriške na debljinu od oko 1/4 inča. Piletinu dobro pospite solju i paprom.

2. U velikoj teškoj tavi otopite 2 žlice maslaca s uljem. Kad se maslac otopi dodajte komade piletine koliko stane bez diranja. Kuhajte piletinu dok ne porumeni, oko 4 minute. Okrenite piletinu i pecite drugu stranu oko 3 minute. Prebacite komade na tanjur. Ponovite s preostalom piletinom, ako je potrebno.

3. Maknite posudu s vatre. Dodajte preostali maslac, limunov sok i bosiljak u tavu i lagano miješajte da se maslac otopi. Vratite komade piletine u tavu i stavite je na vatru. Okrenite komade piletine jednom ili dvaput u umaku. Poslužite odmah.

Pileći kotleti s kaduljom i graškom

Scaloppine di Pollo al Piselli

Za 4 porcije

Ovdje su pileći kotleti u kombinaciji s kaduljom i graškom, a izgleda sjajno kao i okusa. Ako koristite smrznuti grašak i nemate ga vremena djelomično odmrznuti, samo ga stavite u kipuću vodu na 1 minutu ili ga isperite ili potopite u vrlo vruću vodu. Dobro ih ocijedite prije nastavka.

1 1/4 funte tanko narezanih pilećih kotleta

Sol i svježe mljeveni crni papar

2 žlice neslanog maslaca

2 žlice maslinovog ulja

12 svježih listova kadulje

2 šalice oljuštenog svježeg graška ili djelomično odmrznutog smrznutog graška

1 do 2 žlice svježeg soka od limuna

1. Stavite kriške piletine između dvije plastične folije. Nježno istucite kriške na debljinu od oko 1/4 inča. Piletinu dobro pospite solju i paprom.

2. U velikoj tavi otopite maslac s maslinovim uljem na srednjoj vatri. Osušite piletinu. Dodajte piletinu i kadulju u tavu. Kuhajte piletinu dok ne porumeni, oko 4 minute. Okrenite komade hvataljkama i pecite drugu stranu još oko 3 minute. Prebacite komade na tanjur.

3. Dodajte grašak i limunov sok u tavu i dobro promiješajte. Posoliti i popapriti po ukusu. Poklopite i kuhajte 5 minuta, ili dok grašak gotovo ne omekša.

4. Vratite komade piletine u tavu i kuhajte, okrećući ih jednom ili dvaput, dok se ne zagriju. Poslužite vruće.

Piletina s gorgonzolom i orasima

Petti di Pollo s gorgonzolom

Za 4 porcije

Gorgonzola je kremasti plavi sir od kravljeg mlijeka iz regije Lombardija. Sir je kremasto-bijele boje prošaran plavo-zelenim žilicama jestive vrste penicilinske plijesni. Gorgonzola se lijepo topi, a kuhari ovih krajeva od nje rade umake za tjesteninu i meso. Ovdje se stvara ukusan umak za kotlete. Posip nasjeckanih oraha daje jelu dodatnu hrskavost. Piletinu poslužite s pirjanim gljivama i svježom brokulom.

1 1/4 funte tanko narezanih pilećih kotleta

1/2 šalice višenamjenskog brašna

Sol i svježe mljeveni crni papar

2 žlice neslanog maslaca

1 žlica maslinovog ulja

1/4 šalice sitno nasjeckane ljutike

1/2 šalice suhog bijelog vina

4 unce gorgonzole, uklonjena kora

2 žlice oraha, krupno nasjeckanih i tostiranih

1. Stavite kriške piletine između dvije plastične folije. Nježno istucite kriške na debljinu od oko 1/4 inča. Na komadu voštanog papira pomiješajte brašno te sol i papar po ukusu. U smjesu umočite pileće kotlete. Protresite kako biste uklonili višak.

2. U velikoj tavi na srednjoj vatri otopite maslac s uljem. Dodajte piletinu i kuhajte dok ne porumeni, oko 4 minute. Okrenite komade hvataljkama i pecite drugu stranu još oko 3 minute. Izvadite piletinu na tanjur i držite na toplom.

3. Dodajte ljutiku u tavu i kuhajte 1 minutu. Umiješajte vino i kuhajte, stružući po dnu posude, dok se malo ne zgusne, oko 1 minutu. Smanjite vatru na najnižu. Vratite komade piletine u tavu i okrenite ih jednom ili dva puta u umaku.

4. Sir narežite na ploške i stavite ih na vrh piletine. Poklopite i kuhajte dok se malo ne otopi, 1 do 2 minute.

5. Pospite orasima i odmah poslužite.

Pileći kotleti preliveni salatom

Scaloppine di Pollo a l'Insalata

Za 4 porcije

U omiljenom restoranu u New Yorku Dal Barone, velike pileće kotlete pržene u krušnim mrvicama s hrskavim preljevom za salatu nazivali su orecchi di elefante, "slonovske uši". Iako je restoran zatvoren prije nekoliko godina, ja i dalje radim svoju verziju njihovih pilećih kotleta. Poslužite uz zrele kruške i sir za desert.

1 1/4 funte tanko narezanih pilećih kotleta

2 velika jaja

1/2 šalice svježe naribanog parmigiano-reggiana

2 žlice nasjeckanog svježeg peršina

Sol i svježe mljeveni crni papar

1 do 2 žlice višenamjenskog brašna

1/4 šalice maslinovog ulja

Salata

2 žlice ekstra djevičanskog maslinovog ulja

1 do 2 žlice balzamičnog octa

Sol i svježe mljeveni crni papar

4 šalice miješane zelene salate, natrgane na komade veličine zalogaja

¼ šalice tanko narezanog crvenog luka

1 srednje zrela rajčica, narezana na kockice

1. Stavite pileće kotlete između dvije plastične folije. Nježno istucite kotlete na 1/4 inča debljine.

2. U srednjoj posudi istucite jaja sa sirom, peršinom te soli i paprom po ukusu. Umiješajte dovoljno brašna da dobijete glatku smjesu dovoljno gustu da premažete piletinu. Tanjur ili pladanj obložite papirnatim ručnicima.

3. U velikoj tavi na srednje jakoj vatri zagrijte 1/4 šalice maslinovog ulja dok kap mješavine jaja ne zacvrči kada se doda.

4. Umočite kotlete u smjesu jaja dok se dobro ne prekriju. Stavite dovoljno kotleta u tavu da udobno stanu u jednom sloju. Kuhajte dok ne porumene, oko 4 minute. Okrenite piletinu hvataljkama i pecite drugu stranu još oko 3 minute. Ocijediti na papirnatim

ubrusima. Prebacite na tanjur, prekrijte folijom i držite na toplom. Na isti način skuhajte i preostale kotlete.

5. U velikoj zdjeli pomiješajte 2 žlice maslinovog ulja, ocat te sol i papar po ukusu. Dodajte sastojke salate i dobro promiješajte.

6. Prelijte kotlete salatom i odmah poslužite.

Pileće rolice s umakom od inćuna

Involtini con Salsa di Acciughe

Za 4 porcije

Inćuni daju pikantan okus umaku na ovim jednostavnim pilećim rolicama. Ako ne želite inćune, zamijenite ih nasjeckanim kaparima.

¼ šalice neslanog maslaca

4 fileta inćuna, ocijeđena i nasjeckana

1 žlica nasjeckanog svježeg peršina

¼ žličice svježe naribane korice limuna

8 tanko narezanih pilećih kotleta

Svježe mljeveni crni papar

8 tankih kriški uvoznog talijanskog pršuta

1. Postavite rešetku u sredinu pećnice. Zagrijte pećnicu na 400°F. Premažite maslacem malu tavu.

2. U manjem loncu rastopite maslac sa inćunima na srednje jakoj vatri, gnječeći inćune stražnjom stranom žlice. Umiješajte peršin i koricu limuna. Ostavite umak sa strane.

3. Stavite kriške piletine između dvije plastične folije. Nježno istucite kriške na debljinu od oko 1/4 inča. Položite kriške piletine na ravnu površinu. Pospite paprom. Na svaku krišku stavite komad pršuta. Zarolajte kriške po dužini. Stavite rolnice u tepsiju sa šavovima prema dolje.

4. Prelijte umak preko piletine. Pecite 20 do 25 minuta ili dok se ne izbistri sok kada se piletina razreže u najdebljem dijelu. Poslužite vruće.

Pileće rolice u crnom vinu

Rollatini di Pollo al Vino Rosso

Za 4 porcije

Crveno vino boji ova rolana pileća prsa iz Toskane u duboku bordo boju i čini ukusan umak. Češnjak, začinsko bilje i tanke kriške pršuta tipični su nadjev. Iako je pršut iz Parme vrlo dobar i najpoznatija sorta u Sjedinjenim Državama, sada su dostupne i druge vrste izvan područja Parme, poput pršuta San Daniele iz Furlanije, koji su, iako suptilno različiti, jednako dobri.

Najvažnije je pronaći dobar izvor za pršut. Službenici bi trebali znati narezati meso na vrlo tanke ploške, a da ga ne usitnjavaju i kako pažljivo položiti ploške na voštani papir da se ne slijepe.

1 žlica nasjeckanog svježeg ružmarina

1 žlica nasjeckane svježe kadulje

1 režanj češnjaka, vrlo sitno nasjeckan

8 tanko narezanih pilećih kotleta

Sol i svježe mljeveni crni papar

8 kriški uvoznog talijanskog pršuta

2 žlice maslinovog ulja

1 šalica suhog crnog vina

1. U maloj posudi pomiješajte ružmarin, kadulju i češnjak.

2. Položite kotlete na ravnu površinu. Pospite mješavinom začinskog bilja te posolite i popaprite po ukusu. Na to stavite plošku pršuta. Kotlete smotajte po dužini i zavežite kuhinjskim koncem.

3. U velikoj tavi zagrijte ulje na srednje jakoj vatri. Dodajte piletinu i pecite, često okrećući komade hvataljkama, dok ne porumene sa svih strana, oko 10 minuta.

4. Dodajte vino i kuhajte, povremeno okrećući komade, dok se piletina ne skuha i pusti sok kada se prereže u najdebljem dijelu, oko 15 minuta.

5. Prebacite pileće rolice na tanjur za posluživanje. Prelijte ih umakom i odmah poslužite.

DIJELOVI PILEĆE

"Đavolja" piletina

Pollo alla Diavola

Za 4 porcije

Sitni ljuti crveni čili se u nekim regijama naziva peperoncini, "male papričice", a u drugima diavolicchi, "mali vragovi". Prisutnost mljevene crvene paprike objašnjava toskanski naziv za ovu piletinu.

Za ovo jelo volim koristiti izrezane komade piletine. Na taj način mogu kuhati batake i batake malo dulje nego delikatnija krilca i prsa.

1 piletina (oko 3 funte), izrezana na 8 dijelova za posluživanje

1/3 šalice svježe iscijeđenog soka od limuna

1/4 šalice maslinovog ulja

Obilni prstohvat mljevene crvene paprike

Sol

1. Kuharskim nožem ili škarama za perad uklonite vrhove krila s piletine.

2. U velikoj plitkoj posudi pomiješajte limunov sok, ulje, crvenu papriku i sol po ukusu. Dodajte komade piletine. Pokrijte i marinirajte na sobnoj temperaturi 1 sat, povremeno okrećući komade.

3. Postavite rešetku za roštilj ili posudu za pečenje na oko 5 inča od izvora topline. Prethodno zagrijte roštilj ili brojler.

4. Kad ste spremni za kuhanje, izvadite piletinu iz marinade i osušite je tapkanjem. Stavite piletinu s kožom prema izvoru topline. Pecite na žaru ili pecite, povremeno podlijevajući marinadom, dok lijepo ne porumene, otprilike 10 do 15 minuta. Okrenite piletinu i kuhajte dok se pileći sok ne izbistri kada se batak probode nožem u najdebljem dijelu, još oko 10 do 15 minuta. Poslužite vruće.

Hrskava pečena piletina

Pollo Rosolato

Za 4 porcije

Piletina u hrskavom premazu od krušnih mrvica i sira izvrsnog je okusa kad je tek kuhana i vruća, ali je također dobra poslužena hladna sljedeći dan. Planirajte talijanski piknik s ovom piletinom, <u>Slatki i kiseli krumpir</u>, <u>Salata od zelenog graha</u>, i narezane rajčice.

1 piletina (oko 3 1/2 funte), izrezana na komade za posluživanje

Sol i svježe mljeveni crni papar

1/2 šalice običnih suhih krušnih mrvica

2 žlice svježe naribanog parmigiano-reggiana

1 veliki češanj češnjaka, sitno nasjeckan

1/2 žličice sušenog origana, izmrvljenog

Oko 2 žlice maslinovog ulja

1. Stavite stalak za brojlere oko 5 inča od izvora topline. Prethodno zagrijte brojlere.

2. Osušite piletinu. Pospite solju i paprom. Stavite piletinu s kožom prema dolje na rešetku. Pecite piletinu dok lagano ne porumeni, oko 10 minuta. Okrenite piletinu i kuhajte još 10 minuta.

3. Dok se piletina kuha, u srednjoj zdjeli pomiješajte krušne mrvice, sir, češnjak, origano te sol i papar po ukusu. Dodajte tek toliko ulja da dobijete gustu pastu.

4. Izvadite posudu za tovne tonove iz tovne jela. Zagrijte pećnicu na 350°F.

5. Premažite piletinu s kožom smjesom od krušnih mrvica, tapkajući je tako da se zalijepi. Posudu stavite na središnju rešetku pećnice i pecite još oko 10 do 15 minuta, dok se pile ne izbistri kada se piletina probode nožem u najdebljem dijelu batka, a korica lijepo porumeni. Poslužite vruće ili na sobnoj temperaturi.

Marinirana piletina na žaru

Pollo alla Griglia

Za 4 porcije

Ocat, češnjak i začinsko bilje — tipični sastojci napuljskog područja, odakle je potjecala obitelj moga oca — uvijek su bili uključeni u marinadu za sve što bi roštiljali. Obično je biljka bila metvica, svježa domaća ili sušena, iako je ponekad zamijenio svježi peršin ili suhi origano. Koristio ga je na piletini, plavoj ribi i odresku, a rezultati su uvijek bili izvrsni.

Budući da kiselina u octu zapravo može "skuhati" bilo koju hranu bogatu proteinima s kojom dođe u dodir, nemojte marinirati nježnu ribu dulje od 30 minuta. Piletina i govedina mogu se duže marinirati i poprimit će više okusa marinade.

½ šalice crvenog vinskog octa

2 velika režnja češnjaka, nasjeckana

2 žlice nasjeckane svježe mente ili peršina ili 1 žličica sušenog origana, izmrvljenog

Sol i svježe mljeveni crni papar

1 piletina (oko 3 1/2 funte), izrezana na 8 dijelova za posluživanje

1. U plitkoj posudi koja ne reaguje, pomiješajte ocat, češnjak, začinsko bilje te sol i papar po ukusu. Dodajte komade piletine. Pokrijte i stavite u hladnjak na nekoliko sati do preko noći.

2. Postavite rešetku za roštilj ili rešetku za broilere oko 5 inča od izvora topline. Prethodno zagrijte roštilj ili brojler.

3. Izvadite piletinu iz marinade. Osušite piletinu. Stavite piletinu s kožom prema izvoru topline. Pecite na roštilju ili pecite 12 do 15 minuta ili dok lijepo ne porumene. Okrenite piletinu i kuhajte još 10 do 15 minuta, odnosno dok pileći sok ne iscuri kada se batak probode nožem u najdebljem dijelu. Poslužite vruće ili na sobnoj temperaturi.

Pečena piletina s krumpirom i limunom

Pollo al Forno s krumpirom i limunom

Za 4 porcije

Jedan od mojih omiljenih restorana na otoku Capri je Da Paolino, smješten unutar nasada limuna. Jedne smo večeri moj suprug i ja uživali u tihoj večeri uz svijeće kada se iznenada debeo zreli limun sa stabla iznad nas srušio u čašu, poprskavši vodom cijeli stol.

Sjetim se tog događaja svaki put kad napravim ovu piletinu s limunom. To je tipično domaće jelo koje se priprema diljem južne Italije, gdje citrusa ima u izobilju.

2 srednja limuna

1 žlica maslinovog ulja

1 žlica nasjeckanog ružmarina

2 češnja češnjaka nasjeckana

Sol i svježe mljeveni crni papar

1 piletina (oko 3 1/2 funte) izrezana na 8 dijelova za posluživanje

1 funta višenamjenskog krumpira, oguljenog i izrezanog na osmine

1. Postavite rešetku u sredinu pećnice. Zagrijte pećnicu na 450°F. Nauljite tepsiju dovoljno veliku da stane sve sastojke u jednom sloju.

2. Jedan limun narežite na tanke ploške. Iscijedite sok od preostalog limuna u zdjelu srednje veličine.

3. Dodajte u zdjelu ulje, ružmarin, češnjak, sol i papar po ukusu i miješajte dok se ne sjedini.

4. Komade piletine operite i osušite. Stavite piletinu u tavu. Prelijte mješavinu limunovog soka preko piletine, okrećući komade da oblože sve strane. Složite komade piletine s kožom prema gore. Stavite krumpir i kriške limuna oko piletine.

5. Pecite piletinu 45 minuta. Podlijte sokom iz tave. Nastavite peći, povremeno podlijevajući, još 15 minuta ili dok piletina ne porumeni, a krumpiri omekšaju.

6. Sadržaj tepsije prebacite na tanjur za posluživanje. Piletinu prelijte sokom i poslužite.

Piletina i povrće na seoski način

Pollo alla Paesana

Za 4 porcije

Prije nekoliko godina posjetio sam Emiliju-Romanju kako bih naučio kako se proizvodi Parmigiano-Reggiano. Posjetio sam mljekaru gdje mi je vlasnik pokazao kako se svakodnevno pravi sir. Nakon obilaska i poduke o proizvodnji sira, domaćin me pozvao da se pridružim njegovoj obitelji i kolegama na ručku. Kad smo ušli u veliku seosku kuhinju, njegova je žena upravo vadila velike posude s piletinom i povrćem iz pećnice. Grickali smo domaću salamu i tipični bijeli kruh u obliku rakova za regiju poznat kao coppia — kruh za par — jer se radi u dva dijela koji su spojeni. Desert je bio najjednostavniji, kriške zrelih sočnih krušaka i vlažni, odležani parmigiano.

Za ovo jelo ključna je tava za pečenje dovoljno velika da u nju stane sva piletina i povrće u jednom sloju jer će se inače sastojci kuhati na pari i neće se dobro zapeći. Ako nemate jednu dovoljno veliku, upotrijebite dvije manje posude, ravnomjerno raspodijelivši sastojke između njih.

Mijenjajte ovo jelo prema sezonskom povrću i onome što imate pri ruci. Možete dodati narezanu repu, bundevu ili papriku ili probajte šaku cherry rajčica.

½ do 1 šalice domaćeg[Pileća juha](), ili kupljeno u trgovini

4 velika češnja češnjaka, sitno nasjeckana

2 žlice nasjeckanog svježeg peršina

2 žlice nasjeckanog svježeg ružmarina

¼ šalice maslinovog ulja

Sol i svježe mljeveni crni papar

1 (10-unca) pakiranje bijelih gljiva, prepolovljenih ili na četvrtine ako su velike

6 srednje kuhanih krumpira, oguljenih i izrezanih na osmine

2 srednje mrkve, narezane na komade od 1 inča

1 srednja glavica luka izrezana na osmine

1 piletina (oko 3½ funte), izrezana na 8 dijelova za posluživanje

1. Po potrebi pripremite pileću juhu. Postavite rešetku u sredinu pećnice. Zagrijte pećnicu na 450°F. Odaberite dovoljno veliku

posudu za pečenje da stane sve sastojke u jednom sloju ili koristite dvije posude. Nauljiti tepsiju ili tepsije.

2. Stavite češnjak, peršin i ružmarin u malu zdjelu i pomiješajte s uljem. Posoliti i popapriti po ukusu.

3. Rasporedite gljive, krumpir, mrkvu i luk u tavu. Dodajte pola mješavine začina i dobro promiješajte. Preostalom mješavinom začinskog bilja premažite komade piletine. Stavite piletinu s kožom prema gore u tavu, okolo rasporedite povrće.

4. Pecite 45 minuta. Podlijte piletinu sokom iz tave. Ako vam se čini da je piletina suha, dodajte malo pileće juhe. Nastavite peći, povremeno podlijevajući, još 15 minuta ili dok pileći sok ne počne biti bistar kada se nožem probode u najdebljem dijelu buta i krumpir ne omekša. Ako piletina nije dovoljno smeđa, stavite posude ispod pečenja na 5 minuta ili dok koža ne porumeni i postane hrskava.

5. Prebacite piletinu i povrće na tanjur za posluživanje. Prevrnite tavu i velikom žlicom skinite masnoću. Stavite tavu na srednju vatru. Dodajte oko 1/2 šalice pileće juhe i ostružite dno posude. Pustite da sok zavrije i kuhajte dok se malo ne reducira, oko 5 minuta.

6. Piletinu i povrće prelijte sokom i odmah poslužite.

Piletina s limunom i bijelim vinom

Pollo allo Scarpariello I

Za 4 porcije

Scarpariello znači "postolarski stil", a postoje mnoge teorije o tome kako je nastao naziv za ovaj recept. Neki kažu da mali komadići nasjeckanog češnjaka podsjećaju na vrhove čavala u cipeli, dok drugi kažu da je to bilo brzo jelo koje je složio užurbani postolar. Najvjerojatnije je to talijansko-američka izmišljotina, kojoj je pametni ugostitelj dao talijansko ime.

Postoje mnoge verzije ovog jela, a svaka koju sam probala bila je ukusna. Obično se piletina sjecka na male komadiće, poznate kao spezzatino, od spezzare, "sjeckati", tako da komadi mogu apsorbirati više ukusnog umaka. To možete učiniti kod kuće sa satarom ili teškim nožem ili neka vam mesar pripremi piletinu. Ako želite, piletinu možete jednostavno narezati na spojeve na komade veličine serviranja.

1 piletina (oko 3 1/2 funte)

Sol i svježe mljeveni crni papar

3 žlice maslinovog ulja

2 žlice neslanog maslaca

3 velika češnja češnjaka, sitno nasjeckana

3 žlice svježeg soka od limuna

¾ šalice suhog bijelog vina

¼ šalice nasjeckanog svježeg ravnog peršina

1. Pilećim krilcima odrežite vrhove i rep. Odložite ih za drugu upotrebu. Velikim teškim nožem ili satarom zarežite piletinu po zglobovima. Narežite prsa, bedra i batake na komade od 2 inča. Isperite komade i osušite. Sve pospite solju i paprom.

2. Zagrijte ulje u tavi od 12 inča na srednje jakoj vatri. Dodajte komade piletine u jednom sloju. Kuhajte, povremeno okrećući komade, dok lijepo ne porumene, oko 15 do 20 minuta.

3. Smanjite vatru na srednju. Iskoristite sreću. U tavu stavite maslac, pa kada se otopi dodajte češnjak. Okrenite komade piletine na maslac i dodajte limunov sok.

4. Dodajte vino i pustite da zakuha. Poklopite i kuhajte, povremeno okrećući komade, dok piletina ne pusti sok kad se nožem probode u najdebljem dijelu buta, oko 10 minuta.

5. Ako je ostalo puno tekućine, izvadite piletinu na tanjur za posluživanje i držite je na toplom. Pojačajte vatru i kuhajte dok se tekućina ne reducira i malo zgusne. Umiješajte peršin i prelijte preko piletine.

Piletina s kobasicama i kiselom paprikom

Pollo allo Scarpariello II

Čini 6 porcija

Pileći scarpariello vjerojatno je ovdje postao popularan prije Drugog svjetskog rata, kada su mnogi talijanski imigranti u ovu zemlju otvorili restorane u velikim gradskim četvrtima poznatim kao Mala Italija. Malo ih je bilo profesionalnih kuhara, a mnoga jela koja su posluživali temeljila su se na domaćoj kuhinji pojačanoj obiljem namirnica koje su nalazili u ovoj zemlji.

Evo druge verzije piletine u postolarskom stilu. S kobasicom, octom i kiselom paprikom potpuno je drugačiji od <u>Piletina s limunom i bijelim vinom</u> *recept. A postoje i mnoge druge verzije. Bez obzira na podrijetlo, pileći scarpariello je ukusan i zadovoljavajući.*

¼ šalice domaćeg <u>Pileća juha</u>, ili kupljeno u trgovini

1 piletina (oko 3 1/2 funte)

1 žlica maslinovog ulja

1 funta svinjske kobasice na talijanski način, izrezane na komade od 1 inča

Sol i svježe mljeveni crni papar

6 velikih režnjeva češnjaka, tanko narezanih

1 šalica ukiseljene slatke paprike u staklenkama, narezane na komade veličine zalogaja

¼ šalice tekućine za kiseljenje paprike ili octa od bijelog vina

1. Po potrebi pripremite pileću juhu. Pilećim krilcima odrežite vrhove i rep. Odložite ih za drugu upotrebu. Velikim teškim nožem ili satarom zarežite piletinu po zglobovima. Narežite prsa, bedra i batake na komade od 2 inča. Isperite komade i dobro ih osušite.

2. Zagrijte ulje na srednje jakoj vatri u tavi dovoljno velikoj da stane sve sastojke. Dodajte komade kobasice i dobro zapecite sa svih strana, oko 10 minuta. Prebacite komade na tanjur.

3. Stavite komade piletine u tavu. Pospite solju i paprom. Kuhajte, povremeno miješajući, dok ne porumeni, oko 15 minuta. Pospite češnjak oko piletine i kuhajte još 2 do 3 minute.

4. Nagnite tavu i žlicom izvadite većinu sreće. Dodajte kobasice, juhu, paprike i tekućinu od paprike ili ocat. Pojačajte vatru. Kuhajte, često miješajući komade i podlijevajući ih tekućinom, dok se tekućina ne reducira i ne dobije laganu glazuru, oko 15 minuta. Poslužite odmah.

Piletina sa celerom, kaparima i ružmarinom

Pollo alla Cacciatora Siciliana

Za 4 porcije

Ovo je sicilijanska verzija alla cacciatora, piletine "lovčeve žene". Celer je lijep dodatak, daje umaku malo hrskavosti. Sicilijanci ovo često rade sa zecom.

2 žlice maslinovog ulja

1 pile (oko 3 1/2 funte), izrezano na 8 komada

Sol i svježe mljeveni crni papar

1/3 šalice crvenog vinskog octa

1/2 šalice nasjeckanog celera

1/4 šalice kapara, ispranih i nasjeckanih

1 grančica svježeg ružmarina

1. Zagrijte ulje u velikoj tavi na srednje jakoj vatri. Osušite piletinu papirnatim ručnicima. Dodajte komade piletine te posolite i popaprite po ukusu. Kuhajte, povremeno okrećući komade, dok

ne porumene, oko 15 minuta. Nagnite tavu i žlicom skinite masnoću.

2. Piletinu prelijte octom i zakuhajte. Pospite celer, kapare i ružmarin oko piletine.

3. Poklopite i kuhajte, povremeno okrećući komade, oko 20 minuta ili dok piletina ne omekša i dok većina octa ne ispari. Ako na kraju pečenja ostane previše tekućine, komade piletine prebacite u posudu za posluživanje. Pojačajte vatru i kuhajte tekućinu dok se ne smanji.

4. Prebacite piletinu na tanjur. Prevrnite tavu i velikom žlicom skinite masnoću. Dodati malo vode i drvenom kuhačom strugati po dnu posude. Piletinu prelijte sokom i odmah poslužite.

Piletina na rimski način

Pollo alla Romana

Za 4 porcije

Mažuran je biljka koja se često koristi u rimskoj kuhinji. Ima okus nešto poput origana, iako je mnogo delikatniji. Ako nemate mažuran, zamijenite ga prstohvatom origana ili čak majčine dušice. Neki rimski kuhari uljepšavali su ovo jelo dodajući slatku papriku pirjanu na maslinovom ulju u tavu neposredno prije nego što je piletina gotova.

2 unce debelo narezane pancete, nasjeckane

2 žlice maslinovog ulja

1 piletina, oko 3 1/2 funte, izrezana na 8 dijelova za posluživanje

Sol i svježe mljeveni crni papar

2 češnja češnjaka, sitno nasjeckana

1 žličica sušenog mažurana

1/2 šalice suhog bijelog vina

2 šalice oguljenih rajčica, bez sjemenki i narezanih na kockice, ili nasjeckanih rajčica iz konzerve

1. U velikoj tavi na srednjoj vatri kuhajte pancetu na maslinovom ulju dok ne porumeni, oko 10 minuta.

2. Osušite piletinu papirnatim ručnicima. Dodajte piletinu u tavu i pospite solju i paprom po ukusu. Kuhajte, povremeno okrećući, dok komadi ne porumene sa svih strana, oko 15 minuta.

3. Prevrnite tavu i velikom žlicom skinite višak masnoće. Piletinu pospite češnjakom i mažuranom. Dodajte vino i kuhajte 1 minutu. Umiješajte rajčice i pustite da lagano kuhaju. Kuhati uz povremeno miješanje dok se ne pusti sok kada se piletina zareže u najdebljem dijelu batka, 20 do 30 minuta. Poslužite vruće.

Piletina s octom, češnjakom i ljutom papričicom

Spezzatino di Pollo alla Nonna

Za 4 porcije

Moja baka je naučila moju mamu raditi ovu jednostavnu ljutu piletinu na napuljski način, a moja mama mene.

Nemojte ni pomišljati koristiti slatki ocat kao što je balsamico za ovaj recept. Autentičan okus dat će dobar vinski ocat. Neće biti previše oštar; kuhanje omekšava ocat i svi se okusi lijepo balansiraju.

1 piletina (oko 3 1/2 funte)

2 žlice maslinovog ulja

Sol

4 velika češnja češnjaka, sitno nasjeckana

1/2 žličice mljevene crvene paprike ili po ukusu

2/3 šalice crvenog vinskog octa

1. Pilećim krilcima odrežite vrhove i rep. Velikim teškim nožem ili satarom zarežite piletinu po zglobovima. Narežite prsa, bedra i batake na komade od 2 inča. Isperite komade i dobro ih osušite.

2. U tavi dovoljno velikoj da stane sva piletina u jednom sloju, zagrijte ulje na srednje jakoj vatri. Dodajte komade piletine bez gužvanja. Ako ima previše piletine da bi udobno stala u jednu tavu, podijelite piletinu u dvije tave ili je kuhajte u serijama.

3. Kuhajte dok ne porumene, povremeno okrećući, oko 15 minuta. Kad se sva piletina zaprži, prevrnite tavu i žlicom izvadite veći dio masnoće. Pospite piletinu solju.

4. Oko komada piletine pospite češnjak i mljevenu crvenu papriku. Dodajte ocat i promiješajte, stružući drvenom kuhačom smeđe komadiće na dnu posude. Kuhajte, miješajući piletinu i povremeno podlijevajući, dok piletina ne omekša, a tekućina se zgusne i smanji, 15 minuta. Ako postane presuho, dodajte malo tople vode.

5. Prebacite piletinu u posudu za posluživanje i sve prelijte sokom od tave. Poslužite vruće.

Toskanska pržena piletina

Pollo Fritto alla Toscana

Za 4 porcije

U Toskani se i piletina i zec režu na male komade premazane ukusnim tijestom, a zatim prže u dubokom ulju. Često se kriške artičoka prže u isto vrijeme i poslužuju uz jelo.

Toskanci za ovaj recept koriste izrezanu cijelu piletinu, ali ja je ponekad napravim samo s pilećim krilcima. Ravnomjerno se kuhaju i svi ih rado jedu.

1 pile (oko 3 1/2 funte) ili 8 do 10 pilećih krilaca

3 velika jaja

2 žlice svježeg soka od limuna

Sol i svježe mljeveni crni papar

1 1/2 šalice višenamjenskog brašna

Povrće ili maslinovo ulje za prženje

1 limun, izrezan na kriške

1. Odrežite vrhove krila i rep ako koristite cijelo pile. Velikim teškim nožem ili satarom zarežite piletinu po zglobovima. Narežite prsa, bedra i batake na komade od 2 inča. Krila odvojiti na spojevima. Isperite komade i dobro ih osušite.

2. U velikoj zdjeli istucite jaja, limunov sok te sol i papar po ukusu. Raširite brašno na list voštanog papira. Pleh ili plehove obložite papirnatim ručnicima. Zagrijte pećnicu na 300°F.

3. Umiješajte komade piletine u smjesu jaja dok se dobro ne prekriju. Vadite komade jedan po jedan i uvaljajte ih u brašno. Odlijepite višak. Stavite komade na rešetku dok ne budu spremni za kuhanje.

4. Zagrijte oko 1 inč ulja u velikoj dubokoj tavi ili širokoj tavi na srednje jakoj vatri. Provjerite je li ulje dovoljno vruće tako da u njega ubacite malo smjese od jaja. Kad zacvrči i porumeni za 1 minutu, dodajte dovoljno komada piletine da udobno stanu u tavu bez gužve. Pržite komade, povremeno okrećući hvataljkama, dok ne postanu hrskavi i porumene sa svih strana i dok ne počnu bistriti sok kada se piletina probode u najdebljem dijelu, 15 do 20 minuta. Kad su komadi gotovi, prebacite ih na papirnate ručnike da se ocijede. Držite na toplom u laganoj pećnici dok pržite preostalu piletinu.

5. Poslužite vruće s kriškama limuna.

Piletina s pršutom i začinima

Pollo Speziato

Za 4 porcije

Jeo sam ovo jelo od pirjane piletine kad sam bio u regiji Marches. Piletina se ne zapeče prije, iako ispadne lijepe boje. Začini i začinsko bilje daju piletini živahan, kompleksan i neobičan okus, a priprema se vrlo jednostavno.

1 piletina (oko 3 1/2 funte), izrezana na 8 dijelova za posluživanje

1/4 funte uvoznog talijanskog pršuta u jednom komadu, izrezanog na uske trake

6 cijelih klinčića

2 grančice svježeg ružmarina

2 lista svježe kadulje

2 lista lovora

1 režanj češnjaka, tanko narezan

1/2 žličice cijelih zrna crnog papra

Sol

½ šalice suhog bijelog vina

1. Rasporedite komade piletine s kožom prema dolje u veliku tešku tavu. Pospite pršut, klinčiće, ružmarin, kadulju, lovorov list, češnjak, papar u zrnu i sol po ukusu po piletini. Dodajte vino i pustite da lagano kuha na srednjoj vatri.

2. Poklopite posudu i kuhajte 20 minuta. Dodajte malo vode ako vam se čini da je piletina suha. Kuhajte, povremeno podlijevajući piletinu tekućinom u tavi, još 15 minuta ili dok se ne izbistri sok kada se piletinu probode nožem u najdebljem dijelu buta.

3. Otklopite i kuhajte kratko dok se tekućina malo ne reducira. Bacite lovorov list. Poslužite vruće.

Piletina u stilu lovčeve žene

Pollo alla Cacciatora

Za 4 porcije

Mislim da bih mogao napisati cijelu knjigu recepata s piletinom pod nazivom alla cacciatora. Jedno od objašnjenja za naziv je da je piletina do posljednjih 50-ak godina bila jelo za posebne prilike u većini domova i nije se jela svaki dan. Ali tijekom sezone lova, lovčeva žena bi pripremila kokoš kako bi okrijepila svog muža za naporan lov.

Postoji toliko mnogo varijacija ovog jela. Južni Talijani ga prave s rajčicama, češnjakom i paprikom. U Emiliji-Romagni ima luk, mrkvu, celer, rajčice i suho bijelo vino. U Friuli-Venezia Giulia se radi s gljivama. Genovežani ga prave jednostavno s rajčicama i lokalnim bijelim vinom. Ova pijemontska verzija je klasik.

2 žlice maslinovog ulja

1 piletina (oko 31/2 funte), izrezana na 8 dijelova za posluživanje

2 srednje glavice luka, nasjeckane

1 rebro celera, nasjeckano

1 mrkva, nasjeckana

1 crvena paprika, tanko narezana

1 žuta paprika narezana na tanke ploške

½ šalice suhog bijelog vina

4 zrele rajčice, oguljene, bez sjemenki i nasjeckane, ili 2 šalice rajčica iz konzerve

6 listova svježeg bosiljka, narezanih na komadiće

2 žličice nasjeckanog svježeg ružmarina

Sol i svježe mljeveni crni papar

1. Zagrijte ulje u velikoj tavi na srednje jakoj vatri. Isperite i osušite komade piletine. Pecite piletinu, često okrećući komade dok ne porumene sa svih strana, oko 15 minuta. Prebacite piletinu na tanjur. Prevrnite tavu i skinite sve osim 2 žlice masnoće.

2. Dodajte luk, celer, mrkvu i papriku u tavu. Kuhajte uz povremeno miješanje dok povrće lagano ne porumeni, oko 15 minuta.

3. Vratite piletinu u tavu. Dodajte vino i pustite da zakuha. Umiješajte rajčice, bosiljak, ružmarin te sol i papar po ukusu.

Zakuhati i kuhati, povremeno okrećući komade piletine, dok pileći sok ne iscuri kada se batak probije u najdebljem dijelu, oko 20 minuta. Poslužite vruće.

Piletina s vrganjima

Pollo con Funghi Porcini

Za 4 porcije

U Pijemontu ćete vidjeti ljude kako prodaju svježe ubrane vrganje s improviziranih štandova na odmorištima na autocestama i parkiralištima. Budući da je sezona vrganja kratka, ove debeljuškaste divlje gljive često se suše kako bi se sačuvao sav njihov opojan okus i aroma. Nisu jeftini, ali malo ide daleko. Zapakirani sušeni vrganji izvrsni su darovi — uključujući i sebe. Kupujem pune velike vreće koje se dugo drže u zatvorenoj ambalaži.

1/2 šalice suhih vrganja

1 šalica tople vode

1 žlica neslanog maslaca

2 žlice maslinovog ulja

1 piletina (oko 3 1/2 funte), izrezana na 8 dijelova za posluživanje

Sol i svježe mljeveni crni papar

1 šalica suhog bijelog vina

1. Namočite gljive u vodi 30 minuta. Izvadite gljive i sačuvajte tekućinu. Isperite gljive pod hladnom tekućom vodom kako biste uklonili sav pijesak, obraćajući posebnu pozornost na krajeve stabljika gdje se nakuplja zemlja. Gljive krupno nasjeckajte. Procijedite tekućinu od gljiva kroz papirnati filter za kavu u zdjelu.

2. U velikoj tavi otopite maslac s uljem na srednjoj vatri. Osušite piletinu i stavite komade u tavu. Piletinu dobro zapecite sa svih strana oko 15 minuta. Pospite solju i paprom.

3. Prevrnite tavu i žlicom skinite višak masnoće. Dodajte vino u tavu i pustite da zavrije. Pospite gljive po piletini. Ulijte tekućinu od gljiva u tavu. Djelomično poklopiti i kuhati, povremeno okrećući komade, dok piletina ne pusti sok kada se batak probuši u najdebljem dijelu, oko 20 minuta.

4. Premjestite piletinu na tanjur za posluživanje. Ako je u tavi ostalo puno tekućine, povisite vatru i pirjajte dok se ne reducira i zgusne. Umak prelijte preko piletine i odmah poslužite.

Piletina s maslinama

Pollo al'Olive

Rim je glavni grad Italije i ljudi iz cijele zemlje gravitiraju ondje zbog njegove važnosti kao središta vlade, religije i (u manjoj mjeri) poslovanja. Mnoge gradske restorane vode ne-Rimljani, a hrana je ponekad odraz stapanja regionalnih stilova. Ovu sam piletinu jeo u trattoriji u Trastevereu, boemskoj četvrti s druge strane Tibera od povijesnog središta koja je popularna među mladim ljudima u gradu. Sudeći po količini češnjaka u jelu, posumnjao sam da u kuhinji postoji južnjačka ruka, ali nisam uspio doznati sa sigurnošću.

2 žlice maslinovog ulja

1 piletina (oko 31/2 funte), izrezana na 8 dijelova za posluživanje

Sol i svježe mljeveni crni papar

4 češnja češnjaka, lagano zgnječena

1/2 šalice suhog bijelog vina

2 žlice bijelog vinskog octa

1 šalica Gaeta ili drugih blagih, aromatičnih maslina, bez koštica i grubo nasjeckanih

2 fileta inćuna, nasjeckana

1. U velikoj tavi zagrijte ulje na srednje jakoj vatri. Osušite komade piletine i stavite ih u tavu. Pospite komade solju i paprom. Kada piletina porumeni s jedne strane, nakon 10-ak minuta, okrenite komade, a zatim ih pospite češnjakom. Kuhajte dok lijepo ne porumene, još oko 10 minuta. Uklonite češnjak ako postane tamno smeđi.

2. Dodajte vino i ocat i zakuhajte. Pospite masline i inćune posvuda. Djelomično pokrijte tavu i smanjite vatru. Kuhajte, povremeno okrećući komade, dok piletina ne omekša i ne pusti sok kad se batak probode u najdebljem dijelu, oko 20 minuta.

3. Izvadite piletinu na tanjur za posluživanje. Prevrnite posudu i skinite masnoću. Žlicom prelijte umak preko piletine. Poslužite vruće.

Pileća jetrica s Vin Santom

Fegato di Pollo al Vin Santo

Za 4 porcije

Vin santo je toskansko desertno vino koje se proizvodi djelomičnim sušenjem trebbiano grožđa na slamnatim prostirkama prije prešanja kako bi se dobilo vrlo koncentrirano vino. Vino se ostavlja da odleži u zatvorenim drvenim bačvama dok ne dobije prekrasnu jantarnu boju i razvije aromatičan, orašasti okus i glatku teksturu. Savršeno je vino za pijuckanje nakon obroka ili uz orašaste plodove, obične kolačiće ili tortu. Vin santo se također koristi za kuhanje—u ovom slučaju, s pilećim jetricama u ukusnom umaku od maslaca.

Marsala se može zamijeniti za vin santo. Ova jetrica poslužite preko kuhane ili pržene palente ili kriški prepečenog kruha.

1 funta pilećih jetrica

3 žlice neslanog maslaca

Sol i svježe mljeveni crni papar

1 žličica nasjeckanih svježih listova kadulje

4 tanke kriške uvoznog talijanskog pršuta, poprečno narezane na ploške

2 žlice vin santo ili marsale

2 žlice nasjeckanog svježeg peršina

1. Pileća jetrica odrežite, oštrim nožem odrežite vezivna vlakna. Svaku jetricu narežite na 2 ili 3 dijela.

2. U velikoj tavi otopite 2 žlice maslaca na srednjoj vatri. Isperite i osušite komade jetre i dodajte ih u tavu. Pospite solju i paprom. Dodajte kadulju i pršut. Kuhajte, okrećući često komade jetre, dok lagano ne porumene, ali još uvijek budu ružičasti u sredini, oko 5 minuta. Jetrica rešetkastom žlicom prebacite na tanjur.

3. Dodajte vin santo u tavu i pojačajte vatru. Pustite da zavrije i kuhajte 1 minutu ili dok se malo ne smanji. Maknite s vatre i umiješajte preostali maslac i peršin. Umak prelijte preko jetrica i odmah poslužite.

CIJELO PILE I KAPUN

Pečena piletina s ružmarinom

Pollo Arrosto

Za 4 porcije

Prije 1950-ih većina Talijana živjela je i radila na farmama u vlasništvu bogatih zemljoposjednika koji su bili u odsutnosti. U određeno doba godine, obično u vrijeme praznika, od farmera bi se očekivalo da zemljoposjedniku isplate dio svoje dobiti, obično u obliku stoke, proizvoda, pšenice, vina ili bilo čega što je proizvedeno na farmi. U Venetu su se određeni predmeti tradicionalno povezivali s određenim blagdanima. Kokoši su se darivale na poklade, koje prethode korizmi. Kokoši su se darivale za blagdan svetog Petra 29. lipnja, guske za blagdan Svih svetih, 1. studenoga. Jaja su bila dar za Uskrs, a odojak za blagdan svetog Martina 11. studenoga. Večera od pečene kokoši bila je rijetka gozba za prosječna osoba, a čak i danas čini da se obrok čini kao prilika.

Pečenje piletine s prsima prema dolje pomaže da bijelo meso ostane sočno i da se ptica ravnomjerno ispeče. Za najbolji okus koristite organski uzgojenu piletinu.

Ovo je najosnovniji recept za pečenu piletinu i, po mom mišljenju, najbolji. Piletina se cijelo vrijeme kuha na niskoj temperaturi. Oko piletine pospite malo krumpira ili drugog korjenastog povrća, poput mrkve ili luka, ako želite.

1 pile (3 1/2 do 4 funte)

2 režnja češnjaka, prepolovljena

4 žlice maslinovog ulja

Sol i svježe mljeveni crni papar

2 ili 3 grančice svježeg ružmarina

1 limun, prepolovljen

1. Postavite rešetku u sredinu pećnice. Zagrijte pećnicu na 350°F. Nauljite posudu za pečenje dovoljno veliku da u nju stane piletina.

2. Piletinu dobro operite i osušite tapkanjem. Natrljajte kožu češnjakom. Premažite uljem i pospite iznutra i izvana solju i paprom. Stavite češnjak i ružmarin u piletinu. Iscijedite limunov sok preko piletine. Stavite polovice limuna u pileću šupljinu. Noge zavežite kuhinjskim koncem. Stavite piletinu s prsima prema dolje u tavu.

3. Pecite piletinu 30 minuta. Podlijte piletinu nakupljenim sokom. Nastavite peći još 20 minuta. Pažljivo okrenite pileća prsa prema gore i pecite, povremeno podlijevajući, 30 minuta. Piletina je gotova kada poteče bistar sok kada se probuše batak, a temperatura u najdebljem dijelu buta iznosi 170°F na termometru koji se trenutno očitava. Ako piletina nije dovoljno pečena, pojačajte vatru na 450°F zadnjih 15 minuta kuhanja.

4. Prebacite piletinu na tanjur. Lagano pokrijte folijom i držite na toplom 10 minuta prije rezanja. Poslužite vruće ili na sobnoj temperaturi.

Pečena piletina s kaduljom i bijelim vinom

Pollo Arrosto alla Salvia

Za 4 porcije

Metoda za ovu pečenu piletinu razlikuje se od ove<u>Pečena piletina s ružmarinom</u>recept. Ovdje se piletina peče na višoj temperaturi, što štedi vrijeme i koži daje više boje. Vino i sok od limuna pretvaraju sok od piletine u mali umak za piletinu.

1 pile (3½ do 4 funte)

4 veća češnja češnjaka

Mala grančica svježe kadulje

Sol i svježe mljeveni crni papar

1 mali limun, tanko narezan

2 žlice maslinovog ulja

½ šalice suhog bijelog vina

2 žlice svježeg soka od limuna

1. Postavite rešetku u sredinu pećnice. Zagrijte pećnicu na 450°F. Nauljite posudu za pečenje dovoljno veliku da u nju stane piletina. Stavite rešetku za pečenje u tavu.

2. U udubljenje stavite češnjak, kadulju i kriške limuna. Nanesite ulje na kožu i pospite solju i paprom. Zataknite vrhove krila iza leđa pileta. Noge zavežite kuhinjskim koncem.

3. Stavite piletinu na rešetku u tavi. Pecite 20 minuta. Piletinu prelijte vinom i limunovim sokom. Pecite još 45 minuta, povremeno podlijevajući sokom iz posude. Piletina je gotova kada sok počne biti bistar kada se pileći batak probuši, a temperatura u najdebljem dijelu batka iznosi 170°F na termometru koji se trenutno očitava.

4. Prebacite piletinu na tanjur. Lagano pokrijte folijom i držite na toplom 10 minuta prije rezanja. Poslužite vruće uz sok od tave.

Piletina na način pečene svinje

Pollo alla Porchetta

Za 4 do 6 porcija

U središnjoj Italiji porchetta je cijela svinja pečena na ražnju s komoračem, češnjakom, crnim paprom i ružmarinom. Ali to nije jelo koje se lako priprema kod kuće, pa kuhari te iste komplementarne okuse prilagođavaju manjim komadima svinjetine, kunića, ribe i peradi. Kad sam prvi put probao ovaj recept u domu vinara u Umbriji, bio je napravljen od biserke, koja je slična velikoj piletini, ali s više okusa. Jednako dobro funkcionira i veliko pile za pečenje. U ovom receptu možete koristiti cijele sjemenke komorača ili zamijeniti pelud komorača, koja se sastoji od samljevenih sjemenki komorača, a dostupna je u nekim specijaliziranim trgovinama.

2 velika češnja češnjaka, sitno nasjeckana

2 žlice listića ružmarina, sitno nasjeckanog

1 žlica sjemenki komorača ili peludi komorača

Sol i svježe mljeveni crni papar

2 žlice maslinovog ulja

1 veliko pile (oko 5 funti)

1. Postavite rešetku u sredinu pećnice. Zagrijte pećnicu na 450°F. Nauljite posudu za pečenje dovoljno veliku da u nju stane piletina.

2. Vrlo sitno nasjeckajte češnjak, ružmarin i sjemenke komorača. Stavite začine u manju posudu. Dodajte sol i obilno mljeveni crni papar. Dodajte 1 žlicu ulja i promiješajte da se sjedini.

3. Piletinu operite i osušite. Zavucite vrhove krila iza leđa. Prstima olabavite kožu oko grudi i nogu. Pola mješavine začinskog bilja ravnomjerno stavite ispod kože piletine. Stavite ostatak u šupljinu. Noge zavežite kuhinjskim koncem. Premažite kožu preostalim uljem. U tavu stavite pileća prsa okrenuta prema gore.

4. Pecite 20 minuta. Smanjite temperaturu na 375°F. Pecite 45 do 60 minuta. Piletina je gotova kada poteče bistar sok kada se probuše batak, a temperatura u najdebljem dijelu buta iznosi 170°F na termometru koji se trenutno očitava.

5. Prebacite piletinu na tanjur. Lagano pokrijte folijom i držite na toplom 10 minuta prije rezanja. Poslužite vruće ili na sobnoj temperaturi.

Pečena piletina s marsalom i inćunima

Pollo Arrosto alla Catanzarese

Za 4 porcije

Giuseppe, poznanik iz New Yorka, rekao mi je da je porijeklom iz Kalabrije. Kad sam mu rekao da planiram posjetiti Catanzaro u toj regiji, rekao je da moram svakako posjetiti tip rustičnog restorana poznat kao putica da jedem morzello. Objasnio je da je putica skromna zalogajnica koja često nema natpis vani, samo veliku štrucu kruha u obliku prstena poznatu kao pitta postavljenu blizu vrata. Unutra su veliki zajednički stolovi, a svima se poslužuje pojedinačna pitta punjena morzellom, gulaš od izrezanih komada tripica i ostalih iznutrica. Ime dolazi od riječi morsi, što znači "ugrizi".

Planovi su mi se promijenili i nikad nisam stigao u Catanzaro, ali ću uživati u pripremi ovog pečenog pileta za koje mi je Giuseppe rekao da ga je njegova baka radila za praznike i posebne prilike. Kombinacija okusa inćuna, marsale i piletine može se činiti neuobičajenom, ali inćuni se tope, dodajući samo slano bogatstvo pilećim sokovima, dok marsala dodaje orašasti okus i pomaže piletini da dobije prekrasnu zlatnosmeđu boju.

1 pile (3 1/2 do 4 funte)

Sol i svježe mljeveni crni papar

1/2 limuna

2 žlice neslanog maslaca

8 fileta inćuna nasjeckanih

1/4 žličice svježe mljevenog muškatnog oraščića

1/2 šalice suhe marsale

1. Postavite rešetku u sredinu pećnice. Zagrijte pećnicu na 450°F. Nauljite posudu za pečenje dovoljno veliku da u nju stane piletina.

2. Piletinu operite i osušite. Zavucite vrhove krila iza leđa. Iznutra i izvana pospite solju i paprom. U udubljenje stavite polovicu limuna, maslac, inćune i muškatni oraščić. Stavite piletinu u tavu s prsima prema dolje.

3. Pecite piletinu 20 minuta. Pažljivo okrenite pileća prsa prema gore i pecite još 20 minuta. Prelijte marsalu preko piletine. Pecite još 20 do 30 minuta, podlijevajući 2 ili 3 puta sokom iz posude. Piletina je gotova kada poteče bistar sok kada se

probuše batak, a temperatura u najdebljem dijelu buta iznosi 170°F na termometru koji se trenutno očitava.

4.Prebacite piletinu na tanjur. Lagano pokrijte folijom i držite na toplom 10 minuta prije rezanja. Poslužite vruće.

Punjeni pečeni kopun

Cappone Ripene al Forno

Za 6 do 8 porcija

Za božićnu večeru u regiji Lombardija, nadjev za pečenog kopuna tradicionalno je svinjska kobasica i svježe ili sušeno voće. Mostarda—razno voće, poput smokava, mandarina, marelica, trešanja, agruma i breskvi, u staklenkama u sirupu s okusom senfa— tipičan je dodatak.

Kopuni, koji su kastrirani pijetlovi teški od 8 do 10 funti, općenito su dostupni svježi oko praznika, a smrznuti ostatak godine. Mesnate su i sočne, okusa poput piletine, samo intenzivnijeg. Za ovaj recept možete koristiti veliku pečenu piletinu ili malu puricu, ali ćete morati prilagoditi vrijeme kuhanja prema težini.

8 unci jedan dan starog talijanskog ili francuskog kruha, uklonjene kore i natrgane na komade

½ šalice mlijeka

1 funta obične svinjske kobasice, bez crijeva

10 očišćenih suhih šljiva nasjeckanih

2 velika jaja, istučena

¼ žličice svježe naribanog muškatnog oraščića

Sol i svježe mljeveni crni papar

1 kopun (oko 8 funti)

2 žlice maslinovog ulja

2 žlice nasjeckanog svježeg ružmarina

½ šalice suhog bijelog vina

1. U velikoj zdjeli namočite kruh u mlijeko na 15 minuta. Zatim izvadite kruh, bacite mlijeko i stisnite kruh da se ocijedi od viška tekućine. Vratite ga u zdjelu.

2. Dodajte kobasicu, suhe šljive, jaja, sol i papar po ukusu, muškatni oraščić i dobro promiješajte.

3. Postavite rešetku u sredinu pećnice. Zagrijte pećnicu na 350°F. Nauljite posudu za pečenje dovoljno veliku da u nju stane kopun.

4. Kopuna operite i osušite. Lagano napunite pticu smjesom za kobasice. (Ostatke nadjeva možete istovremeno peći u maslacem namazanu posudu za pečenje.) Pomiješajte ulje, ružmarin te sol i

papar po ukusu. Natrljajte pticu cijelom smjesom. Stavite pticu prsima prema dolje u tavu.

5. Pecite 30 minuta. Ulijte vino u tavu. Nakon dodatnih 30 minuta i nakon toga svakih pola sata podlijte pticu nakupljenim sokovima. Kada se ptica peče 60 minuta, pažljivo je okrenite prsima prema gore. Pecite ukupno 2 sata i 15 minuta ili dok termometar s trenutnim očitanjem umetnut u najdeblji dio buta ne izmjeri 180°F.

6. Prebacite kopuna na pladanj. Lagano pokrijte folijom 15 minuta da ostane toplo.

7. Nagnite tavu i velikom žlicom uklonite masnoću iz soka iz tave. Kopuna izrežite i poslužite sa sokom i nadjevom.

Marinirani svinjski kotleti na žaru

Braciole di Maiale taj pakao

Čini 6 porcija

Ovo je odličan recept za brze ljetne večere. Za provjeru pečenosti svinjskih kotleta napravite mali rez blizu kosti. Meso bi još trebalo biti lagano ružičasto.

1 šalica suhog bijelog vina

¼ šalice maslinovog ulja

1 manja glavica luka, tanko narezana

1 češanj češnjaka, sitno nasjeckan

1 žlica nasjeckanog svježeg ružmarina

1 žlica nasjeckane svježe kadulje

6 svinjskih kotleta izrezanih po sredini, debljine oko 3/4 inča

Kriške limuna, za ukras

1. Pomiješajte vino, ulje, luk, češnjak i začinsko bilje u dovoljno velikoj posudi za pečenje da stane kotlete u jednom sloju. Dodajte kotlete, poklopite i ostavite u hladnjaku najmanje 1 sat.

2. Postavite rešetku za roštilj ili rešetku za broilere oko 5 inča od izvora topline. Prethodno zagrijte roštilj ili brojler. Osušite kotlete papirnatim ručnicima.

3. Meso pecite na roštilju 5 do 8 minuta, odnosno dok lijepo ne porumeni. Preokrenite kotlete hvataljkama i pecite s druge strane 6 minuta, ili dok ne porumene i lagano porumene kad ih prerežete blizu kosti. Poslužite vruće, ukrašeno kriškama limuna.

Rebra, furlanski

Spuntature di Maiale alla Friulana

Za 4 do 6 porcija

U Fruiliju rebarca se lagano pirjaju dok meso ne omekša i ne odvaja se od kosti. Poslužite ih uz pire krumpir ili obični rižoto.

2 šalice domaćeg juha od mesa ili kupovnu goveđu juhu

3 funte svinjskih rebara, izrezanih na pojedinačna rebra

¾ šalice višenamjenskog brašna

Sol i svježe mljeveni crni papar

3 žlice maslinovog ulja

1 veliki luk, nasjeckan

2 srednje mrkve, nasjeckane

½ šalice suhog bijelog vina

1. Po potrebi pripremite juhu. Osušite rebra papirnatim ručnicima.

2. Na komadu voštanog papira pomiješajte brašno te sol i papar po ukusu. Rebra uvaljajte u brašno, pa ih otresite da uklonite višak.

3. U širokom teškom loncu zagrijte ulje na srednje jakoj vatri. Dodajte onoliko rebarca koliko vam odgovara u jednom sloju i dobro ih zapecite sa svih strana, oko 15 minuta. Rebra prebacite na tanjur. Ponavljajte dok sva rebra ne porumene. Ocijedite sve osim 2 žlice masnoće.

4. Dodajte luk i mrkvu u tavu. Kuhajte, povremeno miješajući, dok lagano ne porumene, oko 10 minuta. Dodajte vino i kuhajte 1 minutu, stružući i miješajući drvenom kuhačom zapržene komadiće na dnu posude. Rebra vratite u tavu i dodajte juhu. Pustite tekućinu da zakuha. Smanjite vatru na nisku, poklopite i kuhajte, povremeno miješajući, oko 11/2 sata ili dok meso ne postane vrlo mekano i ne odvaja se od kostiju. (Dodajte vode ako meso postane presuho.)

5. Rebra prebacite na topli tanjur za posluživanje i odmah poslužite.

Rebra s umakom od rajčice

Spuntature al Pomodoro

Za 4 do 6 porcija

Moj suprug i ja jeli smo ovakva rebarca u omiljenoj osteriji, ležernom obiteljskom restoranu u Rimu koji se zove Enoteca Corsi. Otvoren je samo za ručak, a jelovnik je vrlo ograničen. Ali svaki je dan prepun hordi radnika iz obližnjih ureda koje privlače vrlo poštene cijene i ukusna domaća hrana.

2 žlice maslinovog ulja

3 funte svinjskih rebara, izrezanih na pojedinačna rebra

Sol i svježe mljeveni crni papar

1 srednja glavica luka, sitno nasjeckana

1 srednja mrkva, sitno nasjeckana

1 mekana rebra celera, sitno nasjeckana

2 češnja češnjaka, sitno nasjeckana

4 lista kadulje nasjeckana

½ šalice suhog bijelog vina

2 šalice konzervirane zgnječene rajčice

1. U pećnici ili širokom, teškom loncu zagrijte ulje na srednje jakoj vatri. Dodajte rebra samo toliko da udobno stanu u tavu. Dobro ih zapecite sa svih strana oko 15 minuta. Rebra prebacite na tanjur. Pospite solju i paprom. Nastavite s preostalim rebrima. Kad je sve gotovo, žlicom odvojite sve osim 2 žlice masnoće.

2. Dodajte luk, mrkvu, celer, češnjak i kadulju i kuhajte dok ne uvenu, oko 5 minuta. Umiješajte vino i pustite da lagano kuha 1 minutu, miješajući drvenom kuhačom i stružući i miješajući zapečene komadiće na dnu posude.

3. Rebarca vratite u tavu. Dodajte rajčice, te sol i papar po ukusu. Kuhajte 1 do 1 1/2 sata ili dok rebra ne omekšaju i dok se meso ne odvoji od kostiju.

4. Prebacite rebarca i umak od rajčice na tanjur za posluživanje i odmah poslužite.

Začinjena rebarca, toskanski stil

Spuntature alla Toscana

Za 4 do 6 porcija

S prijateljima iz uljare Lucini posjetio sam dom maslinara u regiji Chianti u Toskani. Naša grupa novinara ručala je u masliniku. Nakon raznih bruschette i salama, poslužili su nas biftek, kobasice, rebarca i povrće, sve pečeno na žaru na rezovima vinove loze. Svinjska rebarca marinirana u ukusnoj utrljanoj maslinovoj ulju i mljevenim začinima bila su mi najdraža, a svi smo pokušavali pogoditi što je u mješavini. Cimet i komorač bili su laki, ali svi smo bili iznenađeni kada smo saznali da je još jedan začin zvjezdasti anis. Volim koristiti mala rebarca za bebe za ovaj recept, ali bi i rebarca bila u redu.

2 zvjezdice anisa

1 žlica sjemenki komorača

6 bobica kleke, lagano zgnječenih stranicom teškog noža

1 žlica košer ili fine morske soli

1 žličica cimeta

1 žličica sitno mljevenog crnog papra

Prstohvat mljevene crvene paprike

4 žlice maslinovog ulja

4 funte rebarca s leđima, izrezana na pojedinačna rebra

1. U mlincu za začine ili blenderu pomiješajte zvjezdasti anis, komorač, smreku i sol. Samljeti dok bude fino, oko 1 minutu.

2. U velikoj plitkoj zdjeli pomiješajte sadržaj mlinca za začine s cimetom te crnim i crvenim paprom. Dodajte ulje i dobro promiješajte. Smjesu utrljajte po rebrima. Stavite rebra u zdjelu. Pokrijte plastičnom folijom i stavite u hladnjak na 24 sata uz povremeno miješanje.

3. Postavite rešetku za roštilj ili rešetku za broilere oko 6 inča od izvora topline. Prethodno zagrijte roštilj ili brojler. Osušite rebra, a zatim ih ispecite na roštilju ili pecite, često ih okrećući, dok ne porumene i ne budu pečena, oko 20 minuta. Poslužite vruće.

Rebra i grah

Puntini i Fagioli

Čini 6 porcija

Kad znam da me čeka naporan tjedan, volim pripremati gulaše poput ovog. Poboljšavaju se samo ako se naprave unaprijed i potrebno ih je samo brzo podgrijati kako bi se napravila zadovoljavajuća večera. Poslužite ih uz kuhano zelje poput špinata ili escarole ili zelenu salatu.

2 žlice maslinovog ulja

3 funte svinjskih rebara u seoskom stilu, izrezanih na pojedinačna rebarca

1 glavica luka nasjeckana

1 mrkva, nasjeckana

1 češanj češnjaka, sitno nasjeckan

2½ funte svježih rajčica, oguljenih, sjemenki i nasjeckanih, ili 1 (28 unci) limenka oguljenih rajčica, nasjeckanih

1 (3 inča) grančica ružmarina

1 šalica vode

Sol i svježe mljeveni crni papar

3 šalice kuhanih ili konzerviranih cannellina ili brusnica, ocijeđenih

1. U velikoj pećnici ili drugom dubokom, teškom loncu s poklopcem koji čvrsto prianja, zagrijte ulje na srednje jakoj vatri. Dodajte rebra samo toliko da udobno stanu u tavu. Dobro ih zapecite sa svih strana oko 15 minuta. Rebra prebacite na tanjur. Pospite solju i paprom. Nastavite s preostalim rebrima. Kad je sve gotovo, odlijte sve osim 2 žlice masti.

2. Dodajte luk, mrkvu i češnjak u lonac. Kuhajte uz često miješanje dok povrće ne omekša, oko 10 minuta. Dodajte rebra, zatim rajčice, ružmarin, vodu te sol i papar po ukusu. Pustite da zavrije na laganoj vatri i kuhajte 1 sat.

3. Dodajte grah, poklopite i kuhajte 30 minuta ili dok meso ne postane vrlo mekano i ne odvaja se od kosti. Kušajte i prilagodite začine. Poslužite vruće.

Začinjeni svinjski kotleti s kiselim paprikama

Braciole di Maiale con Peperoncini

Za 4 porcije

Ukiseljeni ljuti čili i slatka ukiseljena paprika fini su preljev za sočne svinjske kotlete. Omjere čilija i slatke paprike prilagodite svom ukusu. Poslužite ih s prženim krumpirom.

2 žlice maslinovog ulja

4 svinjska kotleta izrezana po sredini, svaki debljine oko 1 inča

Sol i svježe mljeveni crni papar

4 režnja češnjaka, tanko narezana

1 1/2 šalice narezane ukiseljene slatke paprike

1/4 šalice narezanih ukiseljenih ljutih papričica, kao što su peperoncini ili jalapeños, ili više slatkih papričica

2 žlice soka za kiseljenje ili bijelog vinskog octa

2 žlice nasjeckanog svježeg peršina

1. U velikoj teškoj tavi zagrijte ulje na srednje jakoj vatri. Posušite kotlete papirnatim ručnicima pa ih pospite solju i paprom.

Kuhajte kotlete dok ne porumene, oko 2 minute, zatim ih hvataljkama okrenite i popržite s druge strane, još oko 2 minute.

2.Smanjite vatru na srednju. Raspršite ploške češnjaka oko kotleta. Pokrijte tavu i kuhajte 5 do 8 minuta ili dok kotleti ne omekšaju i tek blago porumene kad se prerežu blizu kosti. Regulirajte vatru da češnjak ne porumeni. Premjestite kotlete na tanjur za posluživanje i poklopite da ostanu topli.

3.U tavu dodajte slatku i ljutu papriku i kiseli sok ili ocat. Kuhajte, miješajući, 2 minute ili dok se paprike ne zagriju i dok sok ne postane sirupast.

4.Umiješajte peršin. Žlicom prelijte sadržaj tave preko kotleta i odmah poslužite.

Svinjski kotleti s ružmarinom i jabukama

Braciole al Mele

Za 4 porcije

Slatko-oporkasti okus jabuke savršena je nadopuna svinjskim kotletima. Ovaj recept je iz Friuli-Venezia Giulia.

4 svinjska kotleta izrezana po sredini, svaki debljine oko 1 inča

Sol i svježe mljeveni crni papar

1 žlica nasjeckanog svježeg ružmarina

1 žlica neslanog maslaca

4 zlatne delišesne jabuke, oguljene i narezane na komade od 1/2 inča

1/2 šalice Pileća juha

1. Osušite meso papirnatim ručnicima. Pospite kotlete s obje strane solju, paprom i ružmarinom.

2. U velikoj teškoj tavi otopite maslac na srednjoj vatri. Dodajte kotlete i kuhajte dok lijepo ne porumene s jedne strane, oko 2 minute. Okrenite kotlete hvataljkama i zapržite ih s druge strane, još oko 2 minute.

3. Oko kotleta rasporedite jabuke i zalijte juhom. Pokrijte tavu i smanjite vatru. Kuhajte oko 5 do 10 minuta, jednom okrećući kotlete, dok ne omekšaju i tek blago porumene kad se prerežu blizu kosti. Poslužite odmah.

Svinjski kotleti s umakom od gljiva i rajčice

Costolette di Maiale con Funghi

Za 4 porcije

Kad kupujete svinjske kotlete, potražite odreske iste veličine i debljine kako bi se ravnomjerno ispekli. Bijele gljive, vino i rajčice umak su za ove svinjske kotlete. Isti tretman je dobar i za teleće kotlete.

4 žlice maslinovog ulja

4 svinjska kotleta izrezana po sredini, svaki debljine oko 1 inča

Sol i svježe mljeveni crni papar

½ šalice suhog bijelog vina

1 šalica nasjeckanih svježih ili konzerviranih rajčica

1 žlica nasjeckanog svježeg ružmarina

1 (12 unci) pakiranje bijelih gljiva, lagano ispranih, očišćenih od peteljki i prepolovljenih ili na četvrtine ako su velike

1. U velikoj teškoj tavi zagrijte 2 žlice ulja na srednje jakoj vatri. Pospite kotlete solju i paprom. Stavite kotlete u tavu u jednom sloju. Pecite dok lijepo ne porumene s jedne strane, oko 2 minute. Okrenite kotlete hvataljkama i zapržite ih s druge strane, još oko 1 do 2 minute. Prebacite kotlete na tanjur.

2. Dodajte vino u tavu i pustite da zavrije. Dodajte rajčice, ružmarin te sol i papar po ukusu. Poklopite i kuhajte 10 minuta.

3. U međuvremenu, u srednjoj tavi, zagrijte preostale 2 žlice ulja na srednje jakoj vatri. Dodajte gljive, te posolite i popaprite po ukusu. Kuhajte uz često miješanje dok tekućina ne ispari i gljive ne porumene, oko 10 minuta.

4. Vratite svinjske kotlete u tavu s umakom od rajčice. Umiješajte gljive. Poklopite i kuhajte još 5 do 10 minuta ili dok se svinjetina ne skuha i umak malo zgusne. Poslužite odmah.

Svinjski kotleti s vrganjima i crnim vinom

Costolette con Funghi e Vino

Za 4 porcije

Zapečeni kotleti ili drugi komadi mesa dodaju okus i poboljšavaju njihov izgled. Uvijek osušite kotlete neposredno prije pečenja jer površinska vlaga uzrokuje da se meso kuha na pari, a ne da porumeni. Nakon što porumene, ovi se kotleti pirjaju uz suhe vrganje i crno vino. Malo vrhnja daje umaku glatku teksturu i bogat okus.

1 unca suhih vrganja

1 1/2 šalice tople vode

2 žlice maslinovog ulja

4 svinjska kotleta izrezana po sredini, debljine oko 1 inč

Sol i svježe mljeveni crni papar

1/2 šalice suhog crnog vina

1/4 šalice gustog vrhnja

1. Gljive stavite u posudu s vodom. Neka odstoji 30 minuta. Izvadite gljive iz tekućine i dobro ih isperite pod mlazom vode,

posebno pazeći na korijen peteljki gdje se skuplja zemlja. Ocijedite, pa sitno nasjeckajte. Ulijte tekućinu za namakanje kroz papirnato cjedilo obloženo filtrom za kavu u zdjelu.

2. U velikoj tavi zagrijte ulje na srednje jakoj vatri. Potapšajte reznu bravu. Stavite kotlete u tavu u jednom sloju. Kuhajte dok lijepo ne porumene, oko 2 minute. Okrenite kotlete hvataljkama i zapržite ih s druge strane, još oko 1 do 2 minute. Pospite solju i paprom. Prebacite kotlete na tanjur.

3. Dodajte vino u tavu i pirjajte 1 minutu. Dodajte vrganje i njihovu tekućinu za namakanje. Smanjite vatru na najnižu. Kuhajte 5 do 10 minuta, ili dok se tekućina ne reducira. Umiješajte vrhnje i kuhajte još 5 minuta.

4. Vratite kotlete u tavu. Kuhajte još 5 minuta ili dok se kotleti tek ne skuhaju i umak ne zgusne. Poslužite odmah.

Svinjski kotleti sa kupusom

Costolette di Maiale con Cavolo Rosso

Za 4 porcije

Balzamični ocat dodaje boju i slatkoću crvenom kupusu i nudi lijepu ravnotežu svinjetini. Za ovaj recept nije potrebno koristiti odležani balzamični ocat. Sačuvajte ga kao začin za sir ili kuhano meso.

2 žlice maslinovog ulja

4 svinjska kotleta izrezana po sredini, debljine oko 1 inč

Sol i svježe mljeveni crni papar

1 veliki luk, nasjeckan

2 velika češnja češnjaka, sitno nasjeckana

2 kilograma crvenog kupusa, narezanog na tanke trakice

¼ šalice balzamičnog octa

2 žlice vode

1. U velikoj tavi zagrijte ulje na srednje jakoj vatri. Osušite kotlete papirnatim ručnicima. Dodajte kotlete u tavu. Kuhajte dok lijepo

ne porumene, oko 2 minute. Okrenite meso hvataljkama i zapržite ga s druge strane, još oko 1 do 2 minute. Pospite solju i paprom. Prebacite kotlete na tanjur.

2. Dodajte luk u tavu i kuhajte 5 minuta. Umiješajte češnjak i kuhajte još 1 minutu.

3. Dodajte kupus, balzamični ocat, vodu i sol po ukusu. Poklopite i kuhajte uz povremeno miješanje dok kupus ne omekša, oko 45 minuta.

4. Dodajte kotlete u tavu i kuhajte, okrećući kotlete jednom ili dva puta u umaku, dok meso ne bude tek kuhano i blago ružičasto kada se prereže blizu kosti, još oko 5 minuta. Poslužite odmah.

Svinjski kotleti s komoračem i bijelim vinom

Braciole di Maiale al Vino

Za 4 porcije

Kad su ovi kotleti gotovi, u tavi ne ostane puno umaka, samo žlica-dvije koncentrirane glazure da navlaži meso. Ako radije ne koristite sjemenke komorača, pokušajte ih zamijeniti žlicom svježeg ružmarina.

2 žlice maslinovog ulja

4 svinjska kotleta izrezana po sredini, debljine oko 1 inč

1 češanj češnjaka, lagano zgnječen

Sol i svježe mljeveni crni papar

2 žličice sjemena komorača

1 šalica suhog bijelog vina

1. U velikoj tavi zagrijte ulje na srednje jakoj vatri. Osušite svinjske kotlete. U tavu dodajte svinjske kotlete i češnjak. Kuhajte dok kotleti ne porumene, oko 2 minute. Pospite sjemenkama komorača te solju i paprom. Okrenite kotlete hvataljkama i zapecite ih s druge strane još oko 1 do 2 minute.

2. Dodajte vino i pustite da zakuha. Pokrijte i kuhajte 3 do 5 minuta ili dok se kotleti ne skuhaju i porumene kad se prerežu blizu kosti.

3. Prebacite kotlete na tanjur i bacite češnjak. Kuhajte sokove u tavi dok se ne reduciraju i postanu sirupasti. Kotlete prelijte sokom i odmah poslužite.

Svinjski kotleti, pizzamarski stil

Braciole alla Pizzaiola

Za 4 porcije

U Napulju se svinjski kotleti i mali odresci također mogu pripremiti alla pizzaiola, u stilu pizzadžije. Umak se obično poslužuje preko špageta kao prvo jelo. Kotleti se poslužuju kao drugo jelo uz zelenu salatu. Trebalo bi biti dovoljno umaka za pola kilograma špageta, uz koju žlicu ostaviti za posluživanje uz kotlete.

2 žlice maslinovog ulja

4 svinjska rebra, debljine oko 1 inč

Sol i svježe mljeveni crni papar

2 velika češnja češnjaka, sitno nasjeckana

1 (28 unci) konzerva pelata, ocijeđenih i nasjeckanih

1 žličica sušenog origana

Prstohvat mljevene crvene paprike

2 žlice nasjeckanog svježeg peršina

1. U velikoj tavi zagrijte ulje na srednje jakoj vatri. Osušite kotlete i pospite solju i paprom. Dodajte kotlete u tavu. Kuhajte dok kotleti ne porumene, oko 2 minute. Okrenite kotlete hvataljkama i zapržite ih s druge strane, još oko 2 minute. Prebacite kotlete na tanjur.

2. Dodajte češnjak u tavu i kuhajte 1 minutu. Dodajte rajčice, origano, crvenu papriku i sol po ukusu. Neka umak prokuha. Kuhajte uz povremeno miješanje 20 minuta ili dok se umak ne zgusne.

3. Vratite kotlete u umak. Kuhajte 5 minuta, okrećući kotlete jednom ili dvaput, dok ne budu kuhani i blago ružičasti kada se prerežu blizu kosti. Pospite peršinom. Poslužite odmah ili ako koristite umak za špagete prekrijte kotlete folijom da ostanu topli.

Svinjski kotleti, na moliški način

Pampanella Sammartinese

Za 4 porcije

Ovi kotleti su pikantni i neobični. Nekada su kuhari u Moliseu sušili vlastite slatke crvene paprike na suncu kako bi napravili papriku. Danas se slatka paprika komercijalno proizvodi u Italiji. U Sjedinjenim Državama koristite papriku uvezenu iz Mađarske za najbolji okus.

Pečenje svinjskih kotleta na žaru je teško jer se lako mogu osušiti. Pažljivo ih promatrajte i kuhajte ih samo dok meso ne postane lagano ružičasto blizu kosti.

¼ šalice slatke paprike

2 češnja češnjaka nasjeckana

1 žličica soli

Mljevena crvena paprika

2 žlice bijelog vinskog octa

4 svinjska kotleta izrezana po sredini, debljine oko 1 inč

1. U maloj posudi pomiješajte papriku, češnjak, sol i veliki prstohvat mljevene crvene paprike. Dodajte ocat i miješajte dok ne postane glatko. Kotlete stavite na tanjur i premažite ih sa svih strana pastom. Pokrijte i stavite u hladnjak na 1 sat do preko noći.

2. Postavite rešetku za roštilj ili rešetku za broilere oko 6 inča od izvora topline. Prethodno zagrijte roštilj ili brojler. Kuhajte svinjske kotlete dok ne porumene s jedne strane, oko 6 minuta, zatim okrenite meso hvataljkama i zapržite drugu stranu, još oko 5 minuta. Izrežite kotlete blizu kosti; meso treba biti blago ružičasto. Poslužite odmah.

Balzamikom glazirani svinjski file s rukolom i parmigianom

Maiale al Balsamico con Insalata

Čini 6 porcija

Svinjski file se brzo spremaju i imaju malo masti. Ovdje se glazirane svinjske kriške spajaju s hrskavom salatom od rikule. Ako ne možete pronaći rikulu, zamijenite je potočarkom.

2 svinjska fileta (oko 1 funta svaki)

1 češanj češnjaka, sitno nasjeckan

1 žlica balzamičnog octa

1 čajna žličica meda

Sol i svježe mljeveni crni papar

Salata

2 žlice maslinovog ulja

1 žlica balzamičnog octa

Sol i svježe mljeveni crni papar

6 šalica obrezane rikule, isprane i osušene

Komad Parmigiano-Reggiano

1. Postavite rešetku u sredinu pećnice. Zagrijte pećnicu na 450°F. Nauljite posudu za pečenje tek toliko da u nju stane svinjetina.

2. Osušite svinjetinu papirnatim ručnicima. Presavijte tanke krajeve kako biste dobili jednaku debljinu. Stavite pečenice u tavu s razmakom od jednog inča.

3. U maloj posudi pomiješajte češnjak, ocat, med te sol i papar po ukusu.

4. Smjesu premažite preko mesa. Stavite svinjetinu u pećnicu i pecite 15 minuta. Ulijte oko mesa 1/2 šalice vode. Pecite još 10 do 20 minuta ili dok ne porumene i ne omekšaju. (Svinjetina je gotova kada unutarnja temperatura dosegne 150°F na termometru s trenutnim očitavanjem.) Izvadite svinjetinu iz pećnice. Ostavite u tepsiji i ostavite da odstoji barem 10 minuta.

5. U velikoj zdjeli pomiješajte ulje, ocat te sol i papar po ukusu. Dodajte rikulu i prelijte preljevom. Stavite rikulu na sredinu velikog pladnja ili pojedinačnih tanjura.

6.Svinjetinu tanko narežite i posložite oko zelja. Prelijte sokom iz tave. Gulilicom za povrće s okretnom oštricom narežite tanke kriške parmigiano-reggiana preko rikule. Poslužite odmah.

Svinjski file sa začinskim biljem

Filetto di Maiale alle Erbe

Čini 6 porcija

Svinjske filete sada su lako dostupne, obično pakirane po dvije u paketu. Nemasni su i mekani, ako ne i prepečeni, iako je okus vrlo blag. Pečenje na žaru daje im dodatni okus, a mogu se poslužiti vruće ili na sobnoj temperaturi.

2 svinjska fileta (oko 1 funta svaki)

2 žlice maslinovog ulja

2 žlice nasjeckane svježe kadulje

2 žlice nasjeckanog svježeg bosiljka

2 žlice nasjeckanog svježeg ružmarina

1 češanj češnjaka, sitno nasjeckan

Sol i svježe mljeveni crni papar

1. Osušite meso papirnatim ručnicima. Svinjske pečenice stavite na tanjur.

2. U maloj posudi pomiješajte ulje, začinsko bilje, češnjak te sol i papar po ukusu. Smjesu utrljajte preko pečenica. Pokrijte i stavite u hladnjak najmanje 1 sat ili do preko noći.

3. Prethodno zagrijte roštilj ili brojler. Pecite pečenice na roštilju 7 do 10 minuta ili dok ne porumene. Okrenite meso hvataljkama i kuhajte još 7 minuta ili dok termometar s trenutnim očitanjem umetnut u sredinu ne pokaže 150°F. Pospite solju. Pustite meso da odstoji 10 minuta prije rezanja. Poslužite vruće ili na sobnoj temperaturi.

Svinjski file na kalabrijski s medom i čilijem

Carne 'ncantarata

Čini 6 porcija

Više od bilo koje druge regije u Italiji, kuhari u Kalabriji uključuju čili papričicu u svoje kuhanje. Čili se koristi svjež, osušen, samljeven ili zgnječen u pahuljice ili prah—kao i paprika ili kajenska paprika.

U Castrovillariju smo moj suprug i ja jeli u Locanda di Alia, elegantnom seoskom restoranu i gostionici. Najpoznatiji restoran u regiji vode braća Alia. Gaetano je kuhar, dok Pinuccio upravlja ispred kuće. Njihov specijalitet je svinjetina marinirana s komoračem i čilijem u umaku od meda i čilija. Pinuccio je objasnio da je recept, star najmanje dvjesto godina, napravljen od konzervirane svinjetine koja je soljena i sušena nekoliko mjeseci. Ovo je jednostavniji način izrade.

Pelud komorača možete pronaći u mnogim trgovinama specijaliziranim za bilje i začine. (VidjetiIzvori.) Ako nema peluda, može se upotrijebiti zdrobljeno sjeme komorača.

2 svinjska fileta (oko 1 funta svaki)

2 žlice meda

1 žličica soli

1 žličica peludi komorača ili zdrobljenih sjemenki komorača

Prstohvat mljevene crvene paprike

½ šalice soka od naranče

2 žlice paprike

1. Postavite rešetku u sredinu pećnice. Zagrijte pećnicu na 425°F. Nauljite posudu za pečenje tek toliko da u nju stane svinjetina.

2. Presavijte tanke krajeve pečenica kako biste dobili jednaku debljinu. Stavite pečenice u tavu s razmakom od jednog inča.

3. U maloj posudi pomiješajte med, sol, pelud komorača i mljevenu crvenu papriku. Smjesu premažite preko mesa. Stavite svinjetinu u pećnicu i pecite 15 minuta.

4. Oko mesa prelijte sok od naranče. Pecite još 10 do 20 minuta ili dok ne porumene i ne omekšaju. (Svinjetina je gotova kada unutarnja temperatura dosegne 150°F na termometru s trenutnim očitavanjem.) Prebacite svinjetinu na dasku za rezanje. Pokrijte folijom i držite na toplom dok pripremate umak.

5. Stavite posudu za pečenje na srednju vatru. Umiješajte papriku i kuhajte, stružući dno posude, 2 minute.

6. Svinjetinu narežite i poslužite s umakom.

Pečena svinjetina s krumpirom i ružmarinom

Arista di Maiale con Patate

Za 6 do 8 porcija

Svi vole ovo svinjsko pečenje—jednostavno ga je napraviti, a krumpiri upijaju okuse svinjetine dok se zajedno kuhaju u istoj tavi. Neodoljiv.

1 pečeni svinjski lungić bez kostiju (oko 3 funte)

2 žlice nasjeckanog svježeg ružmarina

2 žlice nasjeckanog svježeg češnjaka

4 žlice maslinovog ulja

Sol i svježe mljeveni crni papar

2 funte mladog krumpira, prepolovljenog ili na četvrtine ako je velik

1. Postavite rešetku u sredinu pećnice. Zagrijte pećnicu na 425°F. Nauljite posudu za pečenje dovoljno veliku da u nju stane svinjetina i krumpir bez gužve.

2. U maloj zdjeli napravite pastu od ružmarina, češnjaka, 2 žlice ulja i velike količine soli i papra. Pomiješajte krumpire u tavi s

preostale 2 žlice ulja i polovicom paste od češnjaka. Gurnite krumpir u stranu i stavite meso s masnom stranom prema gore u sredinu posude. Preostalu pastu utrljajte ili rasporedite po cijelom mesu.

3.Pecite 20 minuta. Okrenite krumpir. Smanjite temperaturu na 350°F. Pecite još 1 sat, okrećući krumpir svakih 20 minuta. Meso je gotovo kada unutarnja temperatura svinjetine dosegne 150°F na termometru s trenutnim očitavanjem.

4.Premjestite meso na dasku za rezanje. Lagano pokrijte folijom i ostavite 10 minuta. Krompir bi trebao biti smeđ i mekan. Po potrebi pojačajte vatru i kuhajte ih još malo.

5.Meso narežite na ploške i složite ga na topli pladanj za serviranje okruženo krumpirom. Poslužite vruće.

Svinjski lungić s limunom

Maiale con Limone

Za 6 do 8 porcija

Svinjski lungić pečen s limunovom koricom fina je nedjeljna večera. Poslužujem ga sa sporo kuhanim cannellini grahom i zelenim povrćem poput brokule ili prokulice.

Leptir na slabinu dovoljno je lako napraviti sami ako slijedite upute; inače neka to sredi mesar.

1 pečeni svinjski lungić bez kostiju (oko 3 funte)

1 žličica ribane korice limuna

2 češnja češnjaka, sitno nasjeckana

2 žlice nasjeckanog svježeg peršina

2 žlice maslinovog ulja

Sol i svježe mljeveni crni papar

½ šalice suhog bijelog vina

1. Postavite rešetku u sredinu pećnice. Zagrijte pećnicu na 425°F. Nauljite posudu za pečenje tek toliko da u nju stane meso.

2. U manjoj posudi pomiješajte limunovu koricu, češnjak, peršin, ulje te sol i papar po ukusu.

3. Osušite meso papirnatim ručnicima. Kako biste svinjetinu oblikovali u obliku leptira, stavite je na dasku za rezanje. S dugačkim oštrim nožem kao što je nož za otkoštavanje ili kuharski nož, prerežite svinjetinu gotovo na pola po dužini, zaustavljajući se oko 3/4 inča od jedne dugačke strane. Otvorite meso kao knjigu. Smjesu limuna i češnjaka rasporedite po strani mesa. Smotajte svinjetinu s jedne duže strane na drugu kao kobasicu i zavežite kuhinjskim koncem u razmacima od 2 cm. Izvana pospite solju i paprom.

4. Stavite meso masnom stranom prema gore u pripremljenu posudu. Pecite 20 minuta. Smanjite temperaturu na 350°F. Pecite još 40 minuta. Dodajte vino i pecite još 15 do 30 minuta ili dok temperatura na termometru s trenutnim očitanjem ne dosegne 150°F.

5. Pečeno prebacite na dasku za rezanje. Meso labavo prekrijte folijom. Ostavite da odstoji 10 minuta prije rezanja. Stavite tavu na štednjak na srednju vatru i malo smanjite sok iz tave.

Narežite svinjetinu i prebacite je na tanjur za posluživanje. Meso prelijte sokom. Poslužite vruće.

Svinjski lungić s jabukama i rakijom

Maiale con Mele

Za 6 do 8 porcija

Jabuke i luk u kombinaciji s grappom i ružmarinom daju okus ovom ukusnom pečenom svinjskom lungiću iz Furlanije-Julijske krajine.

1 pečeni svinjski lungić bez kostiju (oko 3 funte)

1 žlica nasjeckanog svježeg ružmarina, plus još za ukras

Sol i svježe mljeveni crni papar

2 žlice maslinovog ulja

2 Granny Smith ili druge trpke jabuke, oguljene i narezane na tanke kriške

1 manja glavica luka, tanko narezana

¼ šalice rakije ili brendija

½ šalice suhog bijelog vina

1. Postavite rešetku u sredinu pećnice. Zagrijte pećnicu na 350°F. Lagano nauljite posudu za pečenje dovoljno veliku da u nju stane meso.

2. Svinjetinu natrljajte ružmarinom, soli i paprom po ukusu i maslinovim uljem. Stavite meso masnom stranom prema gore u tavu i okružite ga kriškama jabuke i luka.

3. Meso prelijte rakijom i vinom. Pecite 1 sat i 15 minuta ili dok termometar s trenutnim očitanjem umetnut u sredinu ne pokaže 150°F. Premjestite meso na dasku za rezanje i prekrijte folijom da ostane toplo.

4. Jabuke i luk trebaju biti mekani. Ako nije, vratite posudu u pećnicu i pecite još 15 minuta.

5. Kad omekšaju, ostružite jabuke i luk u procesor hrane ili blender. Pasirajte dok ne postane glatko. (Po potrebi dodajte žlicu ili dvije tople vode da razrijedite smjesu.)

6. Meso narežite i posložite na zagrijani pladanj. Kašicu od jabuke i luka na jednu stranu. Ukrasite svježim ružmarinom. Poslužite vruće.

Pečena svinjetina s lješnjacima i vrhnjem

Arrosto di Maiale alle Nocciole

Za 6 do 8 porcija

Ovo je varijacija recepta za pijemontsku pečenu svinjetinu koja se prvi put pojavila u mojoj knjizi Italian Holiday Cooking. Ovdje vrhnje, uz lješnjake, obogaćuje umak.

1 pečeni svinjski lungić bez kostiju (oko 3 funte)

2 žlice nasjeckanog svježeg ružmarina

2 velika češnja češnjaka, sitno nasjeckana

2 žlice maslinovog ulja

Sol i svježe mljeveni crni papar

1 šalica suhog bijelog vina

½ šalice lješnjaka, prženih, oguljenih i grubo nasjeckanih (vidiKako tostirati i oljuštiti orahe)

1 šalica domaćegJuha od mesasatiPileća juha, ili kupovnu goveđu ili pileću juhu

½ šalice gustog vrhnja

1. Postavite rešetku u sredinu pećnice. Zagrijte pećnicu na 425°F. Nauljite posudu za pečenje tek toliko da u nju stane meso.

2. U maloj posudi pomiješajte ružmarin, češnjak, ulje te sol i papar po ukusu. Stavite meso masnoćom prema gore u tavu. Utrljajte mješavinu češnjaka po svinjetini. Pecite meso 15 minuta.

3. Meso prelijte vinom. Kuhajte još 45 do 60 minuta, ili dok temperatura svinjetine ne dosegne 150°F na termometru s trenutnim očitavanjem i dok meso ne bude mekano kada ga probodete vilicom. Za to vrijeme po potrebi pripremiti lješnjake.

4. Premjestite meso na dasku za rezanje. Pokriti folijom da ostane toplo.

5. Stavite tavu na srednju vatru na vrh štednjaka i pustite da sok zavrije. Dodajte juhu i pirjajte 5 minuta, strugući i miješajući drvenom kuhačom zapržene komadiće na dnu posude. Dodajte vrhnje i pirjajte dok se malo ne zgusne, još oko 2 minute. Umiješajte nasjeckane orahe i maknite s vatre.

6. Meso narežite i složite na topli tanjur za posluživanje. Žlicom prelijte umak preko svinjetine i poslužite vruće.

Toskanski lungić

Arista di Maiale

Za 6 do 8 porcija

Evo klasičnog svinjskog pečenja u toskanskom stilu. Kuhanje mesa s kostima čini ga puno ukusnijim, a kosti su također izvrsne za glodanje.

3 velika češnja češnjaka

2 žlice svježeg ružmarina

Sol i svježe mljeveni crni papar

2 žlice maslinovog ulja

1 pečena rebra s kostima u sredini, oko 4 funte

1 šalica suhog bijelog vina

1. Postavite rešetku u sredinu pećnice. Zagrijte pećnicu na 325°F. Nauljite posudu za pečenje dovoljno veliku da u nju stane pečenje.

2. Vrlo sitno nasjeckajte češnjak i ružmarin zajedno, pa ih stavite u manju zdjelu. Dodajte sol i papar po ukusu i dobro promiješajte

da dobijete pastu. Pečeno stavite u posudu masnom stranom prema gore. Malim nožem napravite duboke proreze po cijeloj površini svinjskog mesa pa u proreze ubacite smjesu. Pečeno namazati po cijeloj površini maslinovim uljem.

3. Pecite 1 sat i 15 minuta ili dok meso ne dosegne unutarnju temperaturu od 150°F na termometru s trenutnim očitavanjem. Premjestite meso na dasku za rezanje. Pokriti folijom da ostane toplo. Pustite da odmori 10 minuta.

4. Stavite posudu na laganu vatru na vrh štednjaka. Dodajte vino i kuhajte, strugući i miješajući drvenom kuhačom zapečene komadiće na dnu tave dok se malo ne reducira, oko 2 minute. Sokove ulijte kroz cjedilo u zdjelu i skinite masnoću. Po potrebi podgrijte.

5. Meso narežite i posložite na topli tanjir za posluživanje. Poslužite vruće uz sok od tave.

Pečena svinjska lopatica s komoračem

Porchetta

Čini 12 porcija

Ovo je moja verzija fantastičnog pečenog praseta poznatog kao porchetta, koji se prodaje diljem središnje Italije, uključujući Lazio, Umbriju i Abruzzo. Svinjski komadi prodaju se iz posebnih kamiona, a možete ga naručiti na sendviču ili zamotanog u papir za ponijeti kući. Iako je meso sočno, svinjska kožica koja puca je najbolji dio.

Pečenje se peče dugo i na visokoj temperaturi jer je jako gusto. Visok udio masti održava meso vlažnim, a koža postaje smeđa i hrskava. Svinjsku lopaticu možete zamijeniti svježom šunkom.

1 (7 funti) pečena svinjska lopatica

8 do 12 režnjeva češnjaka

2 žlice nasjeckanog svježeg ružmarina

1 žlica sjemenki komorača

1 žlica soli

1 žličica svježe mljevenog crnog papra

¼ šalice maslinovog ulja

1. Otprilike 1 sat prije nego počnete peći meso izvadite iz hladnjaka.

2. Vrlo sitno nasjeckajte češnjak, ružmarin, komorač i sol, a zatim stavite začine u malu zdjelu. Umiješajte papar i ulje da dobijete glatku pastu.

3. Malim nožem zarežite duboke proreze na površini svinjskog mesa. Umetnite pastu u proreze.

4. Stavite rešetku u donju trećinu pećnice. Zagrijte pećnicu na 350°F. Kad je gotovo, pečenje stavite u pećnicu i pecite 3 sata. Žlicom odvojite višak masnoće. Pecite meso 1 do 1 1/2 sata dulje ili dok temperatura ne dosegne 160°F na termometru s trenutnim očitanjem. Kada je meso gotovo, masnoća će biti hrskava i duboko orašasto smeđa.

5. Premjestite meso na dasku za rezanje. Pokrijte folijom da ostane toplo i ostavite da odstoji 20 minuta. Izrežite i poslužite vruće ili na sobnoj temperaturi.

Pečeni odojak

Maialino Arrosto

Za 8 do 10 porcija

Odojak je onaj koji nije smio jesti hranu za odrasle svinje. U Sjedinjenim Državama odojci obično teže između 15 i 20 funti, iako su u Italiji upola manji. Čak i pri većoj težini, na odojku doista nema puno mesa, pa ne planirajte poslužiti više od osam do deset gostiju. Također, pobrinite se da imate vrlo veliku tepsiju u koju možete smjestiti cijelog odojka, koja će biti duga oko 30 inča, i budite sigurni da vaša pećnica može primiti tepsiju. Svaki dobar mesar trebao bi vam moći nabaviti svježeg odojka, ali raspitajte se prije nego što ga planirate.

Kuhari sa Sardinije poznati su po svom odojku, ali ja sam ga jeo na mnogim mjestima u Italiji. Ono čega se najbolje sjećam bilo je dio nezaboravnog ručka u vinariji Majo di Norante u Abruzzu.

1 odojak, oko 15 kila

4 češnja češnjaka

2 žlice nasjeckanog svježeg peršina

1 žlica nasjeckanog svježeg ružmarina

1 žlica nasjeckane svježe kadulje

1 žličica nasjeckanih bobica kleke

Sol i svježe mljeveni crni papar

6 žlica maslinovog ulja

2 lista lovora

1 šalica suhog bijelog vina

Jabuka, naranča ili drugo voće za ukras (po želji)

1. Stavite rešetku u donju trećinu pećnice. Zagrijte pećnicu na 425°F. Nauljite tepsiju dovoljno veliku da u nju stane prase.

2. Svinju dobro isperite iznutra i izvana i osušite papirnatim ručnicima.

3. Nasjeckajte češnjak, peršin, ružmarin, kadulju i bobice kleke, a zatim začine stavite u malu zdjelu. Dodajte veliku količinu soli i svježe mljevenog papra. Umiješajte dvije žlice ulja.

4. Stavite svinju na bok na veliku rešetku za pečenje u pripremljenu tavu i rasporedite mješavinu začinskog bilja

unutar tjelesne šupljine. Dodajte listove lovora. Zarežite kose dubine oko 1/2 inča duž obje strane kralježnice. Preostalo ulje utrljajte po cijeloj površini svinje. Pokrijte uši i rep aluminijskom folijom. (Ako želite poslužiti cijelu svinju s jabukom ili drugim voćem u ustima, otvorite usta kuglicom aluminijske folije veličine voća.) Pospite izvana solju i paprom.

5. Prase pecite 30 minuta. Smanjite temperaturu na 350°F. Podlijte vinom. Pecite još 2 do 2 1/2 sata ili dok termometar s trenutnim očitanjem umetnut u mesnati dio stražnje četvrtine ne zabilježi 170°F. Svakih 20 minuta podlijte sokom od tave.

6. Prebacite svinju na veliku dasku za rezanje. Pokrijte folijom i ostavite da odstoji 30 minuta. Uklonite poklopac folije i kuglicu folije iz usta, ako ih koristite. Kuglicu od folije zamijenite voćem, ako ga koristite. Prebacite na pladanj za posluživanje i poslužite vruće.

7. Skinite masnoću sa soka iz tave i zagrijte ih na laganoj vatri. Meso prelijte sokom. Poslužite odmah.

Začinjeni svinjski lungić bez kostiju

Maiale u Porchetti

Za 6 do 8 porcija

Svinjski lungić bez kostiju peče se s istim začinima koji se koriste za porchettu (prase pečeno na ražnju) u mnogim dijelovima središnje Italije. Nakon kratkog razdoblja kuhanja na visokoj temperaturi, temperatura pećnice se spusti na nisku temperaturu, čime meso ostaje mekano i sočno.

4 češnja češnjaka

1 žlica svježeg ružmarina

6 svježih listova kadulje

6 bobica kleke

1 žličica soli

½ žličice svježe mljevenog crnog papra

1 pečeni lungić bez kostiju, oko 3 funte

Ekstra djevičansko maslinovo ulje

1 šalica suhog bijelog vina

1. Postavite rešetku u sredinu pećnice. Zagrijte pećnicu na 450°F. Nauljite posudu za pečenje dovoljno veliku da u nju stane svinjetina.

2. Vrlo sitno nasjeckajte češnjak, ružmarin, kadulju i bobice kleke. Pomiješajte mješavinu začinskog bilja, sol i papar.

3. Velikim, oštrim nožem zarežite meso uzdužno po sredini, tako da ostane pričvršćeno s jedne strane. Otvorite meso kao knjigu i premažite meso s dvije trećine mješavine začina. Zatvorite meso i zavežite ga koncem u razmacima od 2 inča. Preostalu mješavinu začina utrljajte izvana. Stavite meso u tavu. Pokapati maslinovim uljem.

4. Svinjetinu pecite 10 minuta. Smanjite toplinu na 300°F i pecite još 60 minuta, ili dok unutarnja temperatura svinjetine ne dosegne 150°F.

5. Pečeno izvadite na tanjur za posluživanje i prekrijte folijom. Pustite da odmori 10 minuta.

6. U tavu dodajte vino i stavite je na srednju vatru na štednjak. Kuhajte, drvenom kuhačom stružući sve smeđe komadiće u tavi,

dok sok ne postane sirupast. Narežite svinjetinu i žlicom pospite sok od tave. Poslužite vruće.

Pirjana svinjska lopatica u mlijeku

Maiale al Latte

Za 6 do 8 porcija

U Lombardiji i Venetu teletina, svinjetina i piletina ponekad se kuhaju u mlijeku. Tako meso ostaje mekano, a kada je gotovo, mlijeko čini kremasti smeđi umak za posluživanje uz meso.

Povrće, panceta i vino daju okus. Za ovo jelo koristim pečenu lopaticu bez kosti ili zadnjicu jer je potrebno lagano, vlažno kuhanje. Meso se peče na štednjaku, tako da ne morate paliti pećnicu.

1 pečena svinjska lopatica ili zadnjica bez kostiju (oko 3 funte)

4 unce sitno narezane pancete

1 mrkva, sitno nasjeckana

1 mala mekana rebra celera

1 srednja glavica luka, sitno nasjeckana

1 litra mlijeka

Sol i svježe mljeveni crni papar

½ šalice suhog bijelog vina

1. U velikoj pećnici ili drugom dubokom, teškom loncu s poklopcem koji čvrsto prianja, pomiješajte svinjetinu, pancetu, mrkvu, celer, luk, mlijeko te sol i papar po ukusu. Pustite tekućinu da kuha na srednjoj vatri.

2. Djelomično poklopite lonac i kuhajte na srednjoj vatri, povremeno okrećući, oko 2 sata ili dok meso ne omekša kada ga probodete vilicom.

3. Premjestite meso na dasku za rezanje. Pokriti folijom da ostane toplo. Pojačajte vatru ispod posude i kuhajte dok se tekućina ne reducira i lagano porumeni. Ulijte sokove kroz cjedilo u zdjelu, a zatim ulijte tekućinu natrag u lonac

4. Ulijte vino u lonac i pustite da zavrije, stružući drvenom žlicom sve zapržene komadiće i miješajući ih. Svinjetinu narežite i složite na topli tanjur za posluživanje. Prelijte tekućinom od kuhanja po vrhu. Poslužite vruće.

Pirjana svinjska lopatica s grožđem

Maiale all' Uva

Za 6 do 8 porcija

Svinjska lopatica ili but je posebno dobra za pirjanje. Ostaje lijepo i vlažno unatoč dugom krčkanju. Nekada sam ovaj sicilijanski recept spremao sa svinjskim lungićem, ali sada smatram da je lungić previše mršav, a lopatica ima više okusa.

1 funta bisernog luka

3 funte svinjske lopatice ili buta bez kostiju, smotane i povezane

2 žlice maslinovog ulja

Sol i svježe mljeveni crni papar

¼ šalice bijelog vinskog octa

1 funta zelenog grožđa bez sjemenki, bez peteljki (oko 3 šalice)

1. Zakuhajte veliki lonac vode. Dodajte luk i kuhajte 30 sekundi. Ocijedite i ohladite pod hladnom tekućom vodom.

2. Oštrim nožem za guljenje obrijte vrhove korijena. Nemojte preduboko rezati krajeve jer će se luk raspasti tijekom kuhanja. Uklonite kožice.

3. U pećnici dovoljno velikoj da u nju stane meso ili u drugom dubokom, teškom loncu s poklopcem koji čvrsto prianja, zagrijte ulje na srednje jakoj vatri. Osušite svinjetinu papirnatim ručnicima. Stavite svinjetinu u lonac i dobro zapecite sa svih strana oko 20 minuta. Prevrnite lonac i žlicom skinite sreću. Svinjetinu pospite solju i paprom.

4. Dodajte ocat i zakuhajte, stružući drvenom kuhačom zapečene komadiće na dnu lonca. Dodajte luk i 1 šalicu vode. Smanjite vatru i kuhajte 1 sat.

5. Dodajte grožđe. Kuhajte još 30 minuta ili dok meso ne postane vrlo mekano kada ga probodete vilicom. Premjestite meso na dasku za rezanje. Pokrijte folijom da ostane toplo i ostavite 15 minuta.

6. Svinjetinu narežite i složite na topli tanjur za posluživanje. Žlicom dodajte umak od grožđa i luka i odmah poslužite.

Svinjska plećka pirjana u pivu

Maiale alla Birra

Za 8 porcija

Svježe svinjske koljenice kuhaju se na ovaj način u Trentinu-Alto Adigeu, ali budući da taj komad nije široko dostupan u Sjedinjenim Državama, koristim iste arome za pečenje od lopatice s kostima. Na kraju vremena kuhanja bit će dosta masnoće, ali se lako može skinuti s površine tekućine za kuhanje. Još bolje, skuhajte svinjetinu dan prije posluživanja, a meso i sokove od kuhanja ohladite odvojeno. Masnoća će se stvrdnuti i lako se može ukloniti. Zagrijte svinjetinu u tekućini od kuhanja prije posluživanja.

5 do 7 funti svinjske lopatice s kostima (piknik ili bostonski but)

Sol i svježe mljeveni crni papar

2 žlice maslinovog ulja

1 srednja glavica luka, sitno nasjeckana

2 češnja češnjaka, sitno nasjeckana

2 grančice svježeg ružmarina

2 lista lovora

12 unci piva

1. Osušite svinjetinu papirnatim ručnicima. Meso posvuda pospite solju i paprom.

2. U velikoj pećnici ili drugom dubokom, teškom loncu s poklopcem koji čvrsto prianja, zagrijte ulje na srednje jakoj vatri. Svinjetinu stavite u lonac i dobro zapecite sa svih strana oko 20 minuta. Žlicom odvojite sve osim 1-2 žlice masnoće.

3. Oko mesa pospite luk, češnjak, ružmarin i lovor i kuhajte 5 minuta. Dodajte pivo i zakuhajte.

4. Poklopite lonac i kuhajte, povremeno okrećući meso, 2 1/2 do 3 sata ili dok meso ne omekša kada se probode nožem.

5. Procijedite sok iz tave i skinite masnoću. Svinjetinu narežite i poslužite sa sokom od tave. Poslužite vruće.

Janjeći kotleti s bijelim vinom

Braciole di Agnello al Vino Bianco

Za 4 porcije

Ovdje je osnovni način pripreme janjećih kotleta koji se mogu napraviti s mekim zabatićem ili rebrima ili sa žvakaćim, ali mnogo jeftinijim, lopaticama. Za najbolji okus, odrežite meso od viška masnoće i pecite kotlete samo dok ne porumene u sredini.

2 žlice maslinovog ulja

8 janjećih kotleta od slabina ili rebara, debljine 1 inča, podrezanih

4 češnja češnjaka, lagano zgnječena

3 ili 4 (2 inča) grančice ružmarina

Sol i svježe mljeveni crni papar

1 šalica suhog bijelog vina

1. U tavi dovoljno velikoj da u njoj udobno stoje kotleti u jednom sloju, zagrijte ulje na srednje jakoj vatri. Kad je ulje vruće, osušite kotlete tapkanjem. Kotlete pospite solju i paprom, pa ih stavite u pleh. Kuhajte dok kotleti ne porumene, oko 4 minute. Oko mesa pospite češnjak i ružmarin. Hvataljkama okrenite

kotlete i pecite ih s druge strane oko 3 minute. Prebacite kotlete na tanjur.

2.Dodajte vino u tavu i pustite da zavrije. Kuhajte, stružući i miješajući zapržene komadiće na dnu posude, dok se vino ne reducira i malo zgusne, oko 2 minute.

3.Vratite kotlete u tavu i kuhajte ih još 2 minute, okrećući ih u umaku jednom ili dvaput dok ne porumene dok se režu blizu kosti. Prebacite kotlete na pladanj, prelijte ih sokom iz tave i odmah poslužite.

Janjeći kotleti s kaparima, limunom i kaduljom

Braciole di Agnello con Capperi

Za 4 porcije

Vecchia Roma je jedan od mojih omiljenih rimskih restorana. Na rubu starog geta, ima prekrasan vanjski vrt za jelo kada je vrijeme toplo i sunčano, ali također uživam u ugodnim unutarnjim blagovaonicama kada je hladno ili kišovito. Ova janjetina inspirirana je jelom koje sam ondje kušao napravljenim od sitnih komadića janjetine. Umjesto toga sam ga prilagodio mekim kotletima, jer ih kod nas ima dosta.

1 žlica maslinovog ulja

8 janjećih kotleta od slabina ili rebara, debljine 1 inča, podrezanih

Sol i svježe mljeveni crni papar

1/2 šalice suhog bijelog vina

3 žlice svježeg soka od limuna

3 žlice kapara, opranih i nasjeckanih

6 svježih listova kadulje

1. U velikoj tavi zagrijte ulje na srednje jakoj vatri. Potapšajte reznu bravu. Kad se ulje zagrije, pospite ih solju i paprom, pa stavite kotlete u tavu. Kuhajte dok kotleti ne porumene, oko 4 minute. Hvataljkama okrenite kotlete i pecite ih s druge strane oko 3 minute. Prebacite kotlete na tanjur.

2. Izlijte masnoću iz posude. Smanjite vatru na najnižu. U tavu umiješajte vino, limunov sok, kapare i kadulju. Pustite da zavrije i kuhajte 2 minute ili dok ne postane lagano sirupasto.

3. Vratite kotlete u tavu i okrenite ih jednom ili dvaput dok se ne zagriju i porumene kad se prerežu blizu kosti. Poslužite odmah.

Janjeći kotleti u hrskavom premazu

Braciolette Croccante

Za 4 porcije

U Milanu sam jeo ovako pripremljene kotlete od kozjeg mesa uz koje su išla srca artičoka pržena u istom hrskavom premazu. Rimljani koriste malene janjeće kotlete umjesto kozletine i izostavljaju sir. U svakom slučaju, hrskava miješana salata savršen je prilog.

Janjeći kotleti od 8 do 12 rebara, debljine oko 3/4 inča, dobro podrezani

2 velika jaja

Sol i svježe mljeveni crni papar

1 1/4 šalice običnih suhih krušnih mrvica

1/2 šalice svježe naribanog parmigiano-reggiana

Maslinovo ulje za prženje

1. Stavite kotlete na dasku za rezanje i nježno istucite meso na otprilike 1/2 inča debljine.

2. U plićem tanjuru umutite jaja sa soli i paprom po ukusu. Bacite krušne mrvice sa sirom na list voštanog papira.

3. Kotlete umočite jedan po jedan u jaja, zatim ih uvaljajte u krušne mrvice, dobro utapkavši mrvice.

4. Uključite pećnicu na najslabi stupanj. Ulijte oko 1/2 inča ulja u duboku tavu. Zagrijte ulje na srednje jakoj vatri dok se malo smjese od jaja brzo ne skuha kada se ubaci u ulje. Hvataljkama pažljivo stavite nekoliko kotleta u ulje bez gužve u tavi. Kuhajte dok ne porumene i postanu hrskave, 3 do 4 minute. Okrenite kotlete hvataljkama i zapržite ih 3 minute. Kotlete ocijedite na papirnatim ubrusima. Pržene kotlete držite na toplom u pećnici dok pržite ostatak. Poslužite vruće.

Janjeći kotleti s artičokama i maslinama

Costolette di Agnello ai Carciofi e Olive

Za 4 porcije

Svi sastojci ovog jela kuhaju se u istoj tavi tako da se komplementarni okusi janjetine, artičoka i maslina glatko pomiješaju. Jarko povrće poput mrkve ili pečenih rajčica bilo bi dobar prilog.

2 žlice maslinovog ulja

8 janjećih kotleta od rebara ili leđa, debljine oko 1 inča, podrezanih

Sol i svježe mljeveni crni papar po ukusu

2 žlice maslinovog ulja

¾ šalice suhog bijelog vina

8 malih ili 4 srednje artičoke, obrezane i narezane na osmine

1 češanj češnjaka, sitno nasjeckan

½ šalice malih blagih crnih maslina, kao što je Gaeta

1 žlica nasjeckanog svježeg peršina

1. U tavi dovoljno velikoj da stane kotleti u jednom sloju zagrijte ulje na srednje jakoj vatri. Potapšajte janjeću bravu. Kad se ulje zagrije, kotlete pospite solju i paprom, pa ih stavite u tavu. Kuhajte dok kotleti ne porumene, 3 do 4 minute. Hvataljkama okrenite kotlete da porumene s druge strane, oko 3 minute. Prebacite kotlete na tanjur.

2. Uključite vatru na srednje nisku. Dodajte vino i pustite da zakuha. Kuhajte 1 minutu. Dodajte artičoke, češnjak te sol i papar po ukusu. Pokrijte posudu i kuhajte 20 minuta ili dok artičoke ne omekšaju.

3. Umiješajte masline i peršin i kuhajte još 1 minutu. Vratite kotlete u tavu i kuhajte, okrećući janjetinu jednom ili dvaput dok se ne zagriju. Poslužite odmah.

Janjeći kotleti s umakom od rajčice, kapara i inćuna

Costelle d'Agnello u salsi

Za 4 porcije

Začinjeni umak od rajčice daje okus ovim kotletima u stilu Calabrese. Svinjski kotleti mogu se kuhati i na ovaj način.

2 žlice maslinovog ulja

8 janjećih kotleta od rebara ili leđa, debljine oko 3/4 inča, podrezanih

6 do 8 rajčica šljiva, oguljenih, sjemenki i nasjeckanih

4 fileta inćuna nasjeckana

1 žlica kapara, opranih i nasjeckanih

2 žlice nasjeckanog svježeg peršina

1. U tavi dovoljno velikoj da u njoj udobno stoje kotleti u jednom sloju, zagrijte ulje na srednje jakoj vatri. Kad je ulje vruće, osušite kotlete tapkanjem. Pospite kotlete solju i paprom, pa dodajte kotlete u tavu. Kuhajte dok kotleti ne porumene, oko 4

minute. Hvataljkama okrenite kotlete i pecite ih s druge strane oko 3 minute. Prebacite kotlete na tanjur.

2. U tavu dodajte rajčice, inćune i kapare. Dodajte prstohvat soli i papra po ukusu. Kuhajte 5 minuta ili dok se malo ne zgusne.

3. Vratite kotlete u tavu i kuhajte, okrećući ih jednom ili dvaput u umaku dok se ne zagriju i porumene kad se prerežu blizu kosti. Pospite peršinom i odmah poslužite.

"Burn-the-Fingers" Janjeći kotleti

Agnello a Scottadito

Za 4 porcije

U receptu koji je inspirirao ovo jelo, iz stare kuharice o umbrijskoj kuhinji, janjetini daje okus sitno nasjeckana mast od pršuta. Većina današnjih kuhara zamjenjuje maslinovo ulje. Ovako su dobra i janjeća rebra.

Vjerojatno ime dolazi od ideje da su kotleti toliko ukusni da ne možete a da ih ne pojedete odmah - vruće, odmah s roštilja ili iz tave.

¼ šalice maslinovog ulja

2 češnja češnjaka, sitno nasjeckana

1 žlica nasjeckanog svježeg ružmarina

1 žličica nasjeckanog svježeg timijana

8 rebara janjećih kotleta, debljine oko 1 inča, podrezanih

Sol i svježe mljeveni crni papar

1. U maloj posudi pomiješajte ulje, češnjak, začinsko bilje te sol i papar po ukusu. Smjesu premažite preko janjetine. Pokrijte i stavite u hladnjak na 1 sat.

2. Postavite rešetku za roštilj ili broilere oko 5 inča od izvora topline. Prethodno zagrijte roštilj ili brojler.

3. Ostružite malo marinade. Pecite kotlete na roštilju dok ne porumene i postanu hrskavi, oko 5 minuta. Hvataljkama preokrenite kotlete i kuhajte ih dok ne porumene i ne porumene u sredini, još oko 5 minuta. Poslužite vruće.

Janjetina na žaru, basilikata stil

Agnello allo Spiedo

Za 4 porcije

Basilicata je možda najpoznatija po svom prikazu u filmu Carla Levija Krist se zaustavio u Eboliju. Autor je oslikao sumoran portret regije prije Drugog svjetskog rata, kada su mnogi politički zatvorenici poslani tamo u progonstvo. Danas Basilicata, iako je još uvijek rijetko naseljena, napreduje, a mnogi turisti odlaze tamo zbog prekrasnih plaža u blizini Maratee.

Svinjetina i janjetina tipično su meso za ovu regiju, a to dvoje kombinirano je u ovom receptu. Omotana panceta oko janjećih kockica postaje hrskava i ukusna. Održava janjetinu vlažnom i dodaje joj okus dok se peče na roštilju.

1 1/2 funte janjećeg buta bez kostiju, izrezanog na komade od 2 inča

2 češnja češnjaka, sitno nasjeckana

1 žlica nasjeckanog svježeg ružmarina

Sol i svježe mljeveni crni papar

4 unce tanko narezane pancete

¼ šalice maslinovog ulja

2 žlice crvenog vinskog octa

1. Postavite rešetku za roštilj ili rešetku za broilere oko 5 inča od izvora topline. Prethodno zagrijte roštilj ili brojler.

2. U veliku zdjelu pomiješajte janjetinu s češnjakom, ružmarinom te soli i paprom po ukusu.

3. Odmotajte kriške pancete. Oko svakog komada janjetine omotajte krišku pancete.

4. Nataknite janjetinu na drvene ražnjiće, pričvrstite pancetu na mjesto pomoću ražnjića. Stavite komade blizu jedan uz drugi bez gužvanja. U maloj zdjeli pjenjačom izmiješajte ulje i ocat. Smjesu premažite preko janjetine.

5. Pecite ražnjiće na roštilju, povremeno ih okrećući dok ne budu gotovi po ukusu—5 do 6 minuta za srednje pečene. Poslužite vruće.

Janjeći ražnjići na žaru

Arrosticine

Za 4 porcije

U Abruzzu se mali zalogaji janjetine mariniraju, navlače na drvene ražnjiće i peku na žaru na vrućoj vatri. Kuhani ražnjići poslužuju se stojeći u visokoj čaši ili vrču, a svatko se posluži sam, jedući janjetinu sa štapića. Odlične su za švedski stol, poslužene s pečenom ili pirjanom paprikom.

2 češnja češnjaka

Sol

1 funta janjetine s buta, podrezane i izrezane na komade od 3/4 inča

3 žlice ekstra djevičanskog maslinovog ulja

2 žlice nasjeckane svježe metvice

1 žličica nasjeckanog svježeg timijana

Svježe mljeveni crni papar

1. Češnjak jako sitno nasjeckajte. Pospite češnjak s prstohvatom soli i zgnječite ga stranicom velikog teškog kuharskog noža u finu pastu.

2. U veliku zdjelu pomiješajte janjetinu s pastom od češnjaka, uljem, začinskim biljem te soli i paprom po ukusu. Pokrijte i marinirajte na sobnoj temperaturi 1 sat ili u hladnjaku nekoliko sati ili preko noći.

3. Postavite rešetku za roštilj ili rešetku za broilere oko 5 inča od izvora topline. Prethodno zagrijte roštilj ili brojler.

4. Meso nanizati na ražnjiće. Stavite komade blizu jedan uz drugi bez gužvanja. Pecite janjetinu na roštilju 3 minute ili dok ne porumeni. Preokrenite meso hvataljkama i pecite još 2 do 3 minute ili dok izvana ne porumeni, ali još uvijek ružičasto u sredini. Poslužite vruće.

Janjeći paprikaš s ružmarinom, mentom i bijelim vinom

Agnello u Umidu

Za 4 porcije

Janjeća lopatica idealna je za pirjanje. Meso ima dovoljno vlage da izdrži dugo, polagano kuhanje, i iako je žilavo ako se rijetko kuha, u pirjanom obliku ispada mekano poput vilice. Ako je dostupna samo janjeća plećka s kostima, može se prilagoditi receptima za pirjanje. Računajte na dodatni kilogram ili dva mesa s kostima, ovisno o tome koliko je koščato. Janjetinu s kostima kuhajte oko 30 minuta duže od janjetine bez kostiju ili dok se meso ne odvoji od kostiju.

2 1/2 funte janjeće lopatice bez kostiju, izrezane na komade od 2 inča

1/4 šalice maslinovog ulja

Sol i svježe mljeveni crni papar po ukusu

1 veliki luk, nasjeckan

4 češnja češnjaka nasjeckana

2 žlice nasjeckanog svježeg ružmarina

2 žlice nasjeckanog svježeg peršina

1 žlica nasjeckane svježe metvice

½ šalice suhog bijelog vina

Otprilike 1/2 šalice goveđe juhe (Juha od mesa) ili vode

2 žlice paste od rajčice

1. U velikoj pećnici ili drugom dubokom, teškom loncu s poklopcem koji čvrsto prianja, zagrijte ulje na srednje jakoj vatri. Janjetinu osušite papirnatim ručnicima. U lonac stavite onoliko komada janjetine koliko udobno stane u jedan sloj. Kuhajte uz često miješanje dok ne porumene sa svih strana, oko 20 minuta. Zapečenu janjetinu prebacite na tanjur. Pospite solju i paprom. Na isti način skuhajte i preostalu janjetinu.

2. Kad se sve meso zapeče, žlicom odvojite višak masnoće. Dodajte luk, češnjak i začinsko bilje i dobro promiješajte. Kuhajte dok luk ne uvene, oko 5 minuta.

3. Dodajte vino i pustite da lagano kuha, stružući i miješajući zapečene komadiće na dnu lonca. Kuhajte 1 minutu.

4. Dodajte juhu i pastu od rajčice. Smanjite toplinu na najnižu. Poklopite i kuhajte 1 sat uz povremeno miješanje ili dok

janjetina ne omekša. Dodajte malo vode ako umak postane presuh. Poslužite vruće.

Umbrijski janjeći gulaš s pireom od slanutka

Agnello del Colle

Čini 6 porcija

Palenta i pire krumpir česti su prilog uz variva u Italiji, pa sam se iznenadio kada su u Umbriji ovo varivo poslužili s pireom od slanutka. Slanutak iz konzerve je dobar, a možete i unaprijed skuhati sušeni slanutak.

2 žlice maslinovog ulja

3 funte janjeće lopatice bez kostiju, izrezane na komade od 2 inča

Sol i svježe mljeveni crni papar

2 češnja češnjaka, sitno nasjeckana

1 šalica suhog bijelog vina

1 1/2 šalice nasjeckane svježe ili konzervirane rajčice

1 paket (10 unci) bijelih gljiva, narezanih na ploške

2 (16 unci) konzervi slanutka ili 5 šalica kuhanog slanutka

Ekstra djevičansko maslinovo ulje

1. U velikoj pećnici ili drugom dubokom, teškom loncu s poklopcem koji čvrsto prianja, zagrijte ulje na srednje jakoj vatri. U lonac stavite onoliko komada janjetine koliko će udobno stati u jednom sloju. Kuhajte, povremeno miješajući, dok ne porumene sa svih strana, oko 20 minuta. Zapečenu janjetinu prebacite na tanjur. Pospite solju i paprom. Na isti način skuhajte i preostalu janjetinu.

2. Kad se sve meso zapeče, žlicom pobrati višak masnoće iz tave. Pospite češnjak u tavu i kuhajte 1 minutu. Dodajte vino. Drvenom žlicom ostružite i pomiješajte sa zapečenim komadićima na dnu posude. Pustite da zavrije i kuhajte 1 minutu.

3. Janjetinu vratite u lonac. Dodajte rajčicu i gljive i pustite da lagano kuha. Smanjite toplinu na najnižu. Poklopite i kuhajte, povremeno miješajući, 1 1/2 sata ili dok janjetina ne omekša i umak se reducira. Ako ima previše tekućine, zadnjih 15 minuta uklonite poklopac.

4. Neposredno prije posluživanja zagrijte slanutak i njegovu tekućinu u srednjoj tavi. Zatim ih prebacite u multipraktik da se zgnječe u pire ili gnječilicom za krumpir. Umiješajte malo ekstra djevičanskog maslinovog ulja i crnog papra po ukusu. Po potrebi podgrijte.

5. Za posluživanje, zagrabite malo slanutka na svaki tanjur. Pire okružite janjećim paprikašem. Poslužite vruće.

Janjetina na lovački način

Agnello alla Cacciatora

Za 6 do 8 porcija

Rimljani su ovaj janjeći paprikaš pripremali s abbacchiom, janjetinom tako mladom da nikad nije jela travu. Mislim da se okus zrele janjetine bolje slaže s ljutkastim sjeckanim ružmarinom, octom, češnjakom i inćunima koji završavaju umak.

4 funte janjeće lopatice s kostima, izrezane na komade od 2 inča

Sol i svježe mljeveni crni papar

2 žlice maslinovog ulja

4 češnja češnjaka nasjeckana

4 svježa lista kadulje

2 (2 inča) grančice svježeg ružmarina

1 šalica suhog bijelog vina

6 fileta inćuna

1 žličica sitno nasjeckanih listova svježeg ružmarina

2 do 3 žlice vinskog octa

1. Osušite komade papirnatim ručnicima. Pospite ih solju i paprom.

2. U velikoj pećnici ili drugom dubokom, teškom loncu s poklopcem koji čvrsto prianja, zagrijte ulje na srednje jakoj vatri. Dodajte onoliko janjetine koliko vam stane u jedan sloj. Kuhajte uz miješanje da dobro porumene sa svih strana. Popečeno meso prebacite na tanjir. Nastavite s preostalom janjetinom.

3. Kad je sva janjetina ispečena, žlicom skinite veći dio masnoće iz tave. Dodajte pola češnjaka, kadulju i ružmarin i promiješajte. Dodajte vino i kuhajte 1 minutu, stružući i miješajući drvenom kuhačom zapržene komadiće na dnu posude.

4. Vratite komade janjetine u tavu. Smanjite vatru na najnižu. Poklopite i kuhajte uz povremeno miješanje 2 sata ili dok janjetina ne omekša i ne odvaja se od kostiju. Dodajte malo vode ako tekućina prebrzo ispari.

5. Za pripremu pesta: zajedno nasjeckajte inćune, ružmarin i preostali češnjak. Stavite ih u manju posudu. Umiješajte dovoljno octa da dobijete pastu.

6. U gulaš umiješajte pesto i pirjajte 5 minuta. Poslužite vruće.

Varivo od janjetine, krumpira i rajčice

Stufato di Agnello e Verdure

Za 4 do 6 porcija

Iako za paprikaš najčešće koristim janjeću lopaticu, ponekad koristim i obreske koji ostanu od buta ili zabatka. Tekstura ovih komada je malo lakša za žvakanje, ali zahtijevaju manje kuhanja, a svejedno čine dobro varivo. Imajte na umu da se u ovom receptu iz južne Italije meso stavlja u lonac odjednom, tako da se samo lagano zapeče prije dodavanja ostalih sastojaka.

1 veliki luk, nasjeckan

2 žlice maslinovog ulja

2 funte janjećeg buta bez kostiju, izrezanog na komade od 1 inča

Sol i svježe mljeveni crni papar, po ukusu

1/2 šalice suhog bijelog vina

3 šalice ocijeđenih i nasjeckanih rajčica iz konzerve

1 žlica nasjeckanog svježeg ružmarina

1 funta voštanog krumpira za kuhanje, izrezanog na komade od 1 inča

2 mrkve, narezane na ploške debljine 1/2 inča

1 šalica svježeg graška ili smrznutog graška, djelomično odmrznutog

2 žlice nasjeckanog svježeg peršina

1. U velikoj pećnici ili drugom dubokom, teškom loncu s poklopcem koji čvrsto prianja, kuhajte luk na maslinovom ulju na srednjoj vatri dok ne omekša, oko 5 minuta. Dodajte janjetinu. Kuhajte uz često miješanje dok komadići lagano ne porumene. Pospite solju i paprom. Dodajte vino i zakuhajte.

2. Umiješajte rajčice i ružmarin. Smanjite vatru na najnižu. Poklopite i kuhajte 30 minuta.

3. Dodajte krumpir, mrkvu te sol i papar po ukusu. Kuhajte još 30 minuta uz povremeno miješanje dok janjetina i krumpir ne omekšaju. Dodajte grašak i kuhajte još 10 minuta. Pospite peršinom i odmah poslužite.

Janjetina i paprikaš

Spezzato d'Agnello con Peperone

Za 4 porcije

Pikantnost i slatkoća paprike i bogatstvo janjetine čine ove dvije namirnice koje savršeno odgovaraju jedna drugoj. U ovom receptu, nakon što se meso zapeče, malo toga treba učiniti osim povremenog miješanja.

¼ šalice maslinovog ulja

2 funte janjeće lopatice bez kostiju, izrezane na komade od 1½ inča

Sol i svježe mljeveni crni papar, po ukusu

½ šalice suhog bijelog vina

2 srednje glavice luka, narezane na ploške

1 velika crvena paprika

1 velika zelena paprika

6 plum paradajza, oguljenih, sjemenki i nasjeckanih

1. U velikoj vatrostalnoj posudi ili pećnici zagrijte ulje na srednje jakoj vatri. Potapšajte janjeću bravu. U tavu dodajte onoliko janjetine koliko će udobno stati u jednom sloju. Kuhajte uz miješanje dok ne porumene sa svih strana, oko 20 minuta. Zapečenu janjetinu prebacite na tanjur. Preostalu janjetinu nastavite peći na isti način. Meso posvuda pospite solju i paprom.

2. Kad je svo meso porumenilo, žlicom odvojite višak masnoće. Dodajte vino u lonac i dobro promiješajte, stružući zapržene komadiće. Zakuhajte.

3. Janjetinu vratite u lonac. Umiješajte luk, papriku i rajčice. Smanjite toplinu na najnižu. Poklopite lonac i kuhajte 11/2 sata ili dok meso ne omekša. Poslužite vruće.

Janjeća tepsija s jajima

Agnello Cacio iz Uove

Čini 6 porcija

Budući da su i jaja i janjetina povezani s proljećem, sasvim je prirodno upariti ih u receptima. U ovom jelu, popularnom u ovom ili onom obliku diljem srednje i južne Italije, jaja i sir čine lagani kremasti preljev na janjećem gulašu. To je tipičan uskrsni recept, pa ako ga želite pripremiti za blagdanski obrok, prebacite kuhani gulaš u lijepu posudu za pečenje i poslužite prije dodavanja preljeva. Kombinacija janjećeg mesa od buta i plećke daje zanimljiviju teksturu.

2 žlice maslinovog ulja

2 srednje glavice luka

3 funte janjećeg buta i plećke bez kostiju, obrubljene i izrezane na komade od 2 inča

Sol i svježe mljeveni crni papar po ukusu

1 žlica sitno nasjeckanog ružmarina

1 1/2 šalice domaćegJuha od mesasatiPileća juha, ili kupovnu goveđu ili pileću juhu

2 šalice oljuštenog svježeg graška ili 1 (10 unci) paket smrznutog graška, djelomično odmrznutog

3 velika jaja

1 žlica nasjeckanog svježeg peršina

1/2 šalice svježe naribanog pecorina romana

1. Postavite rešetku u sredinu pećnice. Zagrijte pećnicu na 425°F. U pećnici ili drugom dubokom, teškom loncu s poklopcem koji čvrsto prianja, zagrijte ulje na srednjoj vatri. Dodajte luk i janjetinu. Kuhajte uz povremeno miješanje dok janjetina ne porumeni sa svih strana, oko 20 minuta. Pospite solju i paprom.

2. Dodajte ružmarin i juhu. Dobro promiješati. Pokrijte i pecite, povremeno miješajući, 60 minuta ili dok meso ne omekša. Po potrebi dodajte malo tople vode da se janjetina ne osuši. Umiješajte grašak i kuhajte još 5 minuta.

3. U srednjoj posudi istucite jaja, peršin, sir te sol i papar po ukusu dok se dobro ne sjedine. Smjesu ravnomjerno preliti preko janjetine.

4. Pecite bez poklopca 5 minuta ili dok se jaja ne stvrdnu. Poslužite odmah.

Janjetina ili jaretina s krumpirom, sicilijanski

Capretto o Agnello al Forno

Za 4 do 6 porcija

Baglio Elena, blizu Trapanija na Siciliji, aktivna je farma koja proizvodi masline, maslinovo ulje i drugu hranu. To je također gostionica u kojoj se posjetitelji mogu zaustaviti na obroku u šarmantnoj, rustikalnoj blagovaonici ili ostati na odmoru. Kad sam posjetio, poslužili su mi večeru u više sljedova sicilijanskih specijaliteta koji su uključivali nekoliko vrsta maslina pripremljenih na različite načine, odlične salame koje se rade u lokalu, razno povrće i ovaj jednostavan gulaš. Meso i krumpir kuhaju se bez tekućine osim u maloj količini vina i sokova od mesa i povrća stvarajući simfoniju okusa.

Kid je dostupan u mnogim etničkim mesnicama, uključujući haićansku, bliskoistočnu i talijansku. Toliko je sličan janjetini da je teško uočiti razliku.

3 funte jaretine (mlade koze) s kostima ili janjeće plećke, izrezane na komade od 2 inča

2 žlice maslinovog ulja

Sol i svježe mljeveni crni papar

2 glavice luka narezane na tanke ploške

1/2 šalice suhog bijelog vina

1/4 žličice mljevenog klinčića

2 (2 inča) grančice ružmarina

1 list lovora

4 srednja višenamjenska krumpira, izrezana na komade od 1 inča

2 šalice cherry rajčica, prepolovljenih

2 žlice nasjeckanog svježeg peršina

1. Postavite rešetku u sredinu pećnice. Zagrijte pećnicu na 350°F. U velikoj pećnici ili drugom dubokom, teškom loncu s poklopcem koji čvrsto prianja, zagrijte ulje na srednje jakoj vatri. Osušite janjetinu papirnatim ručnicima. Dodajte tek toliko mesa da udobno stane u lonac bez gužve. Kuhajte, okrećući komade hvataljkama dok ne porumene sa svih strana, oko 15 minuta. Prebacite komade na tanjur. Preostalo meso nastavite peći na isti način. Pospite solju i paprom.

2. Kad se sve meso zapeklo, veći dio masnoće izlijte iz tave. Dodajte luk i kuhajte, povremeno miješajući, dok luk ne uvene, oko 5 minuta.

3. Vratiti meso u lonac. Dodajte vino i zakuhajte. Kuhajte 1 minutu, miješajući drvenom kuhačom. Dodajte klinčiće, ružmarin, lovorov list te sol i papar po ukusu. Poklopite lonac i prebacite ga u pećnicu. Kuhajte 45 minuta.

4. Umiješajte krumpir i rajčicu. Poklopite i kuhajte još 45 minuta ili dok meso i krumpir ne omekšaju kada ih probodete vilicom. Pospite peršinom i poslužite vruće.

Apulijska tepsija od janjetine i krumpira

Tiella di Agnello

Čini 6 porcija

Slojeviti složenci pečeni u pećnici apulijski su specijalitet. Mogu se raditi s mesom, ribom ili povrćem, naizmjenično s krumpirom, rižom ili krušnim mrvicama. Tiella je naziv koji se daje i ovoj metodi kuhanja i vrsti jela u kojem se složenac kuha. Klasična tiella je okrugla duboka posuda od terakote, iako se danas često koriste metalne tave.

Način kuhanja je vrlo neobičan. Nijedan sastojak nije zapečen ili prethodno kuhan. Sve se jednostavno slaže i peče dok ne omekša. Meso će biti dobro pečeno, ali još uvijek vlažno i ukusno jer su komadi okruženi krumpirom. Donji sloj krumpira je nevjerojatno mekan i nježan te pun soka od mesa i rajčice, dok je gornji sloj hrskav kao čips, iako puno ukusniji.

Za meso koristite dobro orezane komade janjećeg buta. Kupim polovicu janjećeg buta u obliku leptira u supermarketu, a zatim ga kod kuće narežem na komade od 2 do 3 inča, uklanjajući masnoću. Taman je za ovaj recept.

4 žlice maslinovog ulja

2 funte krumpira za pečenje, oguljenog i tanko narezanog

½ šalice običnih suhih krušnih mrvica

½ šalice svježe naribanog pecorina romana ili parmigiano-reggiana

1 češanj češnjaka, sitno nasjeckan

½ šalice nasjeckanog svježeg ravnog peršina

1 žlica nasjeckanog svježeg ružmarina ili 1 žličica osušenog

½ žličice sušenog origana

Sol i svježe mljeveni crni papar

2½ funte janjetine bez kostiju, podrezane i izrezane na komade od 2 do 3 inča

1 šalica ocijeđene konzervirane rajčice, nasjeckane

1 šalica suhog bijelog vina

½ šalice vode

1. Postavite rešetku u sredinu pećnice. Zagrijte pećnicu na 400°F. Namažite 2 žlice ulja u posudu za pečenje 13 × 9 × 2 inča.

Posušite krumpir i otprilike polovicu, malo preklapajući, rasporedite po dnu posude.

2.U srednjoj zdjeli pomiješajte krušne mrvice, sir, češnjak, začinsko bilje te sol i papar po ukusu. Polovicu smjese od mrvica pospite preko krumpira. Na mrvice posložite meso. Meso posolite i popaprite. Rajčice rasporedite po mesu. Po vrhu rasporedite preostali krumpir. Ulijte vino i vodu. Preko svega pospite preostalu smjesu mrvica. Prelijte s preostale 2 žlice maslinovog ulja.

3.Pecite 11/2 do 13/4 sata ili dok meso i krumpir ne omekšaju kada se probodu vilicom i sve lijepo porumeni. Poslužite vruće.

Janjeće koljenice sa slanutkom

Stinco di Agnello con Ceci

Za 4 porcije

Koljenice se dugo i sporo kuhaju, ali kada su gotove, meso je vlažno i samo što se ne topi u ustima. Ako kupite janjeće butove u supermarketu, meso će možda trebati dodatno obrezati. Malim nožem za otkoštavanje odrežite što je više moguće masnoće, ali ostavite netaknutim tanki, biserni pokrov na mesu poznat kao srebrna koža. Pomaže mesu da zadrži svoj oblik tijekom kuhanja. Koristim koljenice za brojne recepte koje bi Talijani radili sa svojim manjim janjećim butom.

2 žlice maslinovog ulja

4 male janjeće koljenice, dobro podrezane

Sol i svježe mljeveni crni papar

1 manja glavica luka nasjeckana

2 šalice goveđe juhe (Juha od mesa)

1 šalica oguljenih, sjemenki i nasjeckanih rajčica

½ žličice sušenog mažurana ili majčine dušice

4 mrkve, oguljene i narezane na komade od 1 inča

2 nježna rebra celera, narezana na komade od 1 inča

3 šalice kuhanog ili 2 (16 unci) konzerve slanutka, ocijeđenog

1. U pećnici dovoljno velikoj da drži koljenice u jednom sloju ili u drugom dubokom, teškom loncu s poklopcem koji čvrsto prianja, zagrijte ulje na srednje jakoj vatri. Osušite janjeće koljenice i dobro ih zapecite sa svih strana oko 15 minuta. Prevrnite posudu i žlicom odstranite višak masnoće. Pospite solju i paprom. Dodajte luk i kuhajte još 5 minuta.

2. Dodajte juhu, rajčice i mažuran i pustite da lagano kuha. Smanjite toplinu na najnižu. Poklopite i kuhajte 1 sat povremeno okrećući koljenice.

3. Dodajte mrkvu, celer i slanutak. Kuhajte još 30 minuta ili dok meso ne omekša kada ga probodete malim nožem. Poslužite vruće.

Janjeće koljenice s paprikom i pršutom

Brasato di Stinco di Agnello s feferonima i pršutom

Čini 6 porcija

U Senagaliji, na jadranskoj obali u Marchesu, jeo sam u Osteria del Tempo Perso, u povijesnom središtu ovog lijepog starog grada. Za prvo jelo jeo sam cappelletti, punjene "šeširiće" svježe tjestenine s umakom od kobasica i povrća, nakon čega je uslijedio janjeći gulaš preliven jarko šarenim paprikama i trakicama pršuta. U ovom sam receptu okuse gulaša prilagodila janjećim butovima.

4 žlice maslinovog ulja

6 malih janjećih butova, dobro ošišanih

Sol i svježe mljeveni crni papar

1/2 šalice suhog bijelog vina

2-inčna grančica svježeg ružmarina ili 1/2 žličice osušenog

    1 1/2 šalice Juha od mesa

2 crvene paprike, narezane na trake od 1/2 inča

1 žuta paprika, izrezana na trake od 1/2 inča

1 žlica neslanog maslaca

2 unce narezanog uvoznog talijanskog pršuta, narezanog na tanke trakice

2 žlice nasjeckanog svježeg peršina

1. U pećnici koja je dovoljno velika da drži janjeće butove u jednom sloju ili u drugom dubokom, teškom loncu s poklopcem koji čvrsto prianja, zagrijte ulje na srednje jakoj vatri. Potapšajte bravu od janjećih bataka. Dobro ih zapecite sa svih strana okrećući komade hvataljkama oko 15 minuta. Prevrnite posudu i žlicom odstranite višak masnoće. Pospite solju i paprom.

2. Dodajte vino i kuhajte, stružući i miješajući drvenom kuhačom zapržene komadiće na dnu posude. Pustite da zavrije i kuhajte 1 minutu.

3. Dodajte ružmarin i juhu te zakuhajte tekućinu.

4. Djelomično poklopiti posudu. Smanjite toplinu na najnižu. Kuhajte, povremeno okrećući meso, dok janjetina ne omekša kada se probode vilicom, otprilike 11/4 do 11/2 sata.

5. Dok se janjetina kuha, u srednjoj posudi pomiješajte paprike, maslac i 2 žlice vode na srednjoj vatri. Poklopite i kuhajte 10 minuta, ili dok povrće gotovo ne omekša.

6. Janjetini dodajte omekšale paprike i pršut s peršinom. Kuhajte bez poklopca na srednjoj vatri dok paprike ne omekšaju, oko 5 minuta.

7. Rupičastom žlicom prebacite koljenice i paprike na zagrijani pladanj. Pokrijte i držite na toplom. Ako je tekućina koja je ostala u posudi prerijetka, povisite vatru i kuhajte dok se ne reducira i malo zgusne. Kušajte i prilagodite začine. Janjetinu prelijte umakom i odmah poslužite.

Janjeće koljenice s kaparima i maslinama

Stinchi di Agnello con Capperi e Olive

Za 4 porcije

Na Sardiniji se za ovo jelo obično koristi kozje meso. Okusi janjetine i jaretine vrlo su slični, pa su janjeće koljenice dobra zamjena i puno ih je lakše pronaći.

2 žlice maslinovog ulja

4 male janjeće koljenice, dobro podrezane

Sol i svježe mljeveni crni papar

1 srednja glavica luka, nasjeckana

3/4 šalice suhog bijelog vina

1 šalica oguljenih, sjemenki i nasjeckanih svježih ili konzerviranih rajčica

1/2 šalice nasjeckanih crnih maslina bez koštica, kao što je Gaeta

2 češnja češnjaka, sitno nasjeckana

2 žlice kapara, opranih i nasjeckanih

2 žlice nasjeckanog svježeg peršina

1. U pećnici dovoljno velikoj da drži koljenice u jednom sloju ili u drugom dubokom, teškom loncu s poklopcem koji čvrsto prianja, zagrijte ulje na srednje jakoj vatri. Janjetinu osušite i dobro zapecite sa svih strana. Žlicom odvojite višak masnoće. Pospite solju i paprom.

2. Pospite luk oko janjetine i kuhajte dok luk ne uvene, oko 5 minuta. Dodajte vino i kuhajte 1 minutu. Umiješajte rajčice i pustite da lagano kuhaju. Smanjite vatru i poklopite tavu. Kuhajte 1 do 11/2 sata, povremeno okrećući koljenice, dok meso ne postane vrlo mekano kada ga probodete nožem.

3. Dodajte masline, češnjak, kapare i peršin te kuhajte još 5 minuta okrećući meso da se oblije umakom. Poslužite vruće.

Janjeće koljenice u umaku od rajčice

Stinco di Agnello al Pomodoro

Čini 6 porcija

Ako su jedine janjeće koljenice koje možete pronaći veće, možete zamoliti mesara da vam ih razdijeli ili možete skuhati manje koljenica, ostavljajući ih cijele, a zatim odvojiti meso od kosti prilikom posluživanja.

6 malih janjećih butova, dobro ošišanih

2 žlice maslinovog ulja

2 režnja češnjaka, tanko narezana

1 žlica nasjeckanog svježeg ružmarina

1/2 šalice suhog bijelog vina

1 šalica nasjeckanih pelata

1 1/2 šalice goveđe juhe (Juha od mesa)

2 žlice nasjeckanog svježeg peršina

1. U pećnici dovoljno velikoj da drži koljenice u jednom sloju ili u drugom dubokom, teškom loncu s poklopcem koji čvrsto prianja, zagrijte ulje. Zapecite meso sa svih strana oko 15 minuta. Žlicom odvojite višak masnoće. Koljenice pospite solju i paprom.

2. Dodajte češnjak i ružmarin u tavu i kuhajte 1 minutu. Dodajte vino i pustite da zakuha. Dodajte rajčice i juhu. Smanjite vatru na nisku, pokrijte tavu i pecite koljenice, povremeno ih okrećući, oko 11/2 sata ili dok meso na vilici ne omekša i lako se odvoji od kosti.

3. Pospite peršinom i poslužite vruće.

Janjeće pečenje s klinčićima, rimski stil

Garofolato di Agnello

Čini 6 porcija

Klinčići, koji se na talijanskom nazivaju chiodi di garofalo, daju poseban okus ovom janjećem pečenju iz rimskog sela. Rimljani su koristili otkoštenu i rolanu janjeću lopaticu, ali ako ne možete pronaći taj rez, možete zamijeniti janjeći but s dobrim rezultatima.

5 cijelih klinčića

3 1/2 funte pečene janjeće lopatice bez kostiju, smotane i zavezane

Sol i svježe mljeveni crni papar

2 žlice maslinovog ulja

1 srednja glavica luka, sitno nasjeckana

1 mekana rebra celera, sitno nasjeckana

1 mrkva, nasjeckana

1/4 šalice nasjeckanog svježeg ravnog peršina

Prstohvat mljevene crvene paprike

1 šalica suhog bijelog vina

2 šalice pirea od rajčice

1 šalica domaćegJuha od mesaili goveđu juhu iz konzerve

1. Zabodite klinčiće u janjetinu. Meso posvuda pospite solju i paprom.

2. U velikoj vatrostalnoj posudi ili pećnici zagrijte ulje na srednje jakoj vatri. Dodajte janjetinu i kuhajte okrećući je hvataljkama dok ne porumeni sa svih strana oko 20 minuta.

3. Oko mesa pospite luk, celer, mrkvu, peršin i crvenu papriku. Dodajte vino i kuhajte dok ne ispari, oko 2 minute. Dodajte pire od rajčice i juhu. Smanjite vatru na najnižu.

4. Poklopite i kuhajte, povremeno okrećući meso, 21/2 do 3 sata ili dok ne omekša kada ga probodete vilicom.

5. Premjestite meso na dasku za rezanje. Pokrijte i držite na toplom. Skinite masnoću iz soka iz posude. Ulijte povrće i sok iz tave u procesor hrane ili blender i pasirajte dok ne postane glatko. Kušajte i prilagodite začine. Umak ulijte u srednju tavu i zagrijte ga na laganoj vatri. Ako je prerijetko, pirjajte dok se ne reducira. Janjetinu narežite i poslužite vruću s umakom.

Punjena piletina u Ragù

Pollo Ripieno al Ragù

Čini 6 porcija

Moja baka je na ovaj način radila piletinu za praznike i posebne prilike. Nadjev ne samo da daje okus piletini iznutra, već sve što se izlije u umak daje joj dodatni okus.

Obilna količina umaka okružit će piletinu. Možete ga ostaviti sa strane da poslužite uz tjesteninu za neki drugi obrok.

8 unci špinata, orezanog

8 unci mljevene teletine

1 veliko jaje, istučeno

1/4 šalice običnih suhih krušnih mrvica

1/4 šalice svježe naribanog pecorina romana

Sol i svježe mljeveni crni papar

1 pile (31/2 do 4 funte)

2 žlice maslinovog ulja

1 srednja glavica luka, nasjeckana

½ šalice suhog bijelog vina

1 limenka (28 unci) pelata, propuštena kroz mlin za hranu

1 list lovora

1. Stavite špinat u veliki lonac na srednju vatru s 1/4 šalice vode. Poklopite i kuhajte 2 do 3 minute ili dok ne uvene i ne omekša. Ocijediti i ohladiti. Zamotajte špinat u krpu koja ne ostavlja dlačice i iscijedite što više vode. Špinat sitno nasjeckajte.

2. U velikoj zdjeli pomiješajte nasjeckani špinat, teletinu, jaje, krušne mrvice, sir te sol i papar po ukusu. Dobro promiješajte.

3. Operite piletinu i osušite je tapkanjem. Iznutra i izvana pospite solju i paprom. Pileću šupljinu slobodno napunite nadjevom.

4. U velikom teškom loncu zagrijte ulje na srednje jakoj vatri. Dodajte piletinu s prsima prema dolje. Kuhajte 10 minuta ili dok ne porumene. Okrenite piletinu s prsima prema gore. Pospite luk oko piletine i pržite još oko 10 minuta. Ostatke nadjeva razbacajte po piletini. Dodajte vino i pirjajte 1 minutu. Preko piletine prelijte rajčice, lovorov list te sol i papar po ukusu. Smanjite vatru i djelomično pokrijte posudu. Kuhajte 30 minuta.

5. Pažljivo okrenite piletinu. Kuhajte djelomično poklopljeno još 30 minuta. Ako je umak prerijedak, otklopite posudu. Kuhajte još 15 minuta ili dok se piletina ne odvoji od kosti kada se proba vilicom.

6. Izvadite piletinu iz umaka. Izrežite piletinu i složite je na pladanj. Masnoću s umaka skinite velikom žlicom ili odvajačem masnoće. Žlicom prelijte malo umaka preko piletine i poslužite vruće.

Pečena kuhana piletina

Pollo Bollito Arrosto

Za 4 porcije

Leona Ancona Cantone, prijateljica iz srednjoškolskih dana, ispričala mi je da je njena majka, čija je obitelj potjecala iz Abruzza, prije mnogo godina pravila ovako nešto. Pretpostavljam da je recept nastao kao način da se izvuče maksimum iz piletine, jer daje i juhu i pečeno meso. Metoda kuhanja i pečenja daje vrlo nježnu pticu.

1 pile (3 1/2 do 4 funte)

1 mrkva

1 rebro celera

1 glavica luka, oguljena

4 ili 5 grančica peršina

Sol

2/3 šalice običnih krušnih mrvica

1/3 šalice svježe naribanog parmigiano-reggiana

½ žličice sušenog origana, izmrvljenog

2 do 3 žlice maslinova ulja

2 žlice soka od limuna

Svježe mljeveni crni papar

1. Zavucite vrhove krila iza leđa. Stavite piletinu u veliki lonac i dodajte hladnu vodu da prekrije. Pustite tekućinu da prokuha i kuhajte 10 minuta. Velikom žlicom skinite pjenu.

2. Dodajte mrkvu, celer, luk, peršin i sol po ukusu. Kuhajte na srednje niskoj vatri dok piletina ne omekša kad je probodete vilicom u najdebljem dijelu buta i pusti sok, oko 45 minuta. Izvadite piletinu iz lonca. (Možete dodati još sastojaka, poput mesa ili pilećih obrezaka, u juhu i kuhati je još oko 60 minuta. Procijedite i ohladite juhu ili zamrznite za juhe ili druge svrhe.)

3. Postavite rešetku u sredinu pećnice. Zagrijte pećnicu na 450°F. Nauljite veliku tepsiju.

4. Na tanjuru pomiješajte krušne mrvice, sir, origano, maslinovo ulje, limunov sok te sol i papar po ukusu.

5. Teškim kuhinjskim škarama narežite piletinu na komade za posluživanje. Umočite piletinu u mrvice, tapkajući ih da se zalijepe. Stavite piletinu u pripremljenu posudu za pečenje.

6. Pecite 30 minuta ili dok korica ne porumeni i postane hrskava. Poslužite vruće ili na sobnoj temperaturi.

Pile ispod cigle

Pollo al Mattone

Za 2 porcije

Razdvojena, spljoštena piletina kuhana pod utegom ispada hrskava izvana i sočna iznutra. U Toskani možete kupiti poseban teški disk od terra cotte koji izravnava piletinu i ravnomjerno je drži na površini tave. Koristim tešku tavu od lijevanog željeza, izvana prekrivenu aluminijskom folijom, kao uteg, ali dobro će poslužiti i obične cigle umotane u foliju. Važno je koristiti vrlo malo pile ili čak Cornish kokoš s ovim receptom; inače će se izvana osušiti prije nego što se meso blizu kosti skuha.

1 malo pile (oko 3 funte)

Sol i svježe mljeveni crni papar

⅓ šalice maslinovog ulja

1 limun, izrezan na kriške

1. Osušite piletinu. Velikim kuharskim nožem ili škarama za perad razrežite piletinu duž kralježnice. Na dasci za rezanje otvorite piletinu poput knjige. Izrežite trnu kost koja odvaja grudi. Uklonite vrhove krila i drugi dio krila na spoju. Spljoštite piletinu

laganim udarcem gumenim čekićem ili drugim teškim predmetom. S obje strane ga obilno pospite solju i paprom.

2. Odaberite tavu koja će držati spljoštenu piletinu, kao i težinu. Odaberite drugu tešku tavu ili tavu koja će moći ravnomjerno pritisnuti piletinu. Prekrijte donju stranu folijom, presavijte rubove folije preko unutarnje strane posude kako biste je učvrstili. Ako je potrebno za težinu, napunite tavu prekrivenu folijom ciglama.

3. Ulijte ulje u tavu za kuhanje i zagrijte ga na srednjoj vatri. Dodajte piletinu s kožom prema dolje. Stavite uteg na vrh. Kuhajte dok kožica ne porumeni, 12 do 15 minuta.

4. Provucite tanku lopaticu ispod piletine kako biste je odvojili od tave. Pažljivo okrenite piletinu s kožom prema gore. Zamijenite uteg i kuhajte piletinu dok sok ne počne biti bistar kada se probuše but, još oko 12 minuta. Poslužite vruće s kriškama limuna.

Pileća salata sa limunom

Insalata di Pollo al Limone

Čini 6 porcija

Jednog vrlo vrućeg ljetnog dana dok sam bio u Bordigheri, u Liguriji blizu francuske granice, svratio sam u kafić na ručak i sklonio se sa sunca. Konobar je preporučio ovu svježe napravljenu salatu od piletine, koja me podsjetila na salade niçoise koju sam jeo nekoliko dana ranije u Francuskoj. Konzervirana tuna tipična je za Nicu, ali dobra je i ova talijanska verzija s piletinom.

Ovo je brza salata od piletine pa ja koristim pileća prsa, ali može se napraviti i s mesom cijelih pilića. Piletina se može skuhati unaprijed i marinirati u preljevu, ali povrće ima najbolji okus ako se nakon kuhanja ne ohladi u hladnjaku. Možete ih držati na sobnoj temperaturi oko sat vremena dok ne budete spremni za sastavljanje salate.

4 domaće šalice <u>Pileća juha</u>, ili mješavina kupovne juhe i vode

4 do 6 malih voštanih krumpira, kao što je Yukon gold

8 unci zelenog graha, izrezanog na komade od 1 inča

Sol

2 funte pilećih prsa bez kostiju i kože, očišćenih od masnoće

Zavoj

½ šalice ekstra djevičanskog maslinovog ulja

2 žlice svježeg soka od limuna ili po ukusu

1 žlica kapara, opranih, ocijeđenih i nasjeckanih

½ žličice sušenog origana, izmrvljenog

Sol i svježe mljeveni crni papar

2 srednje rajčice, izrezane na kriške

1. Po potrebi pripremite juhu. Stavite krumpir u lonac. Dodajte hladne vode da prekrije. Pokrijte posudu i stavite vodu da prokuha. Kuhajte dok ne omekša kada se probode nožem, oko 20 minuta. Ocijedite krumpir i pustite da se malo ohladi. Skinite kožice.

2. Zakuhajte vodu srednje veličine. Dodajte mahune i sol po ukusu. Kuhajte dok grah ne omekša, oko 10 minuta. Mahune ocijedite i ohladite pod tekućom vodom. Posušite grah.

3. U velikom loncu zakuhajte juhu (ako nije upravo napravljena). Dodajte pileća prsa i poklopite tavu. Kuhajte, okrećući piletinu jednom, 15 minuta, ili dok ne omekša i dok pileći sok ne počne biti bistar kada ga probodete vilicom. Ocijedite pileća prsa, a juhu ostavite za drugu upotrebu. Piletinu narežite na poprečne kriške i stavite u zdjelu srednje veličine.

4. U maloj zdjeli pomiješajte sastojke za preljev. Polovicom dresinga prelijte piletinu. Dobro promiješajte komade da se premazuju. Kušajte i prilagodite začine. Stavite piletinu u središte velikog pladnja. Pokrijte i ohladite do 2 sata.

5. Rasporedite mahune, krumpire i rajčice oko piletine. Prelijte preostalim preljevom i odmah poslužite.

Pileća salata sa dvije paprike

Insalata di Pollo s feferoni

Za 8 do 10 porcija

Zanimljivost ovoj salati daju i pečene paprike i ukiseljene ljute papričice od višanja. Ako nemate cherry paprike, zamijenite ih drugim ukiseljenim čilijem, poput jalapena ili peperoncina. Pečene paprike u teglicama zgodne su ako nemate vremena za pečenje. Ovaj recept čini puno piletine, pa je odličan za zabavu. Ako želite, recept se lako može prepoloviti.

2 mala pileta (svaka oko 3 funte)

2 mrkve

2 rebra celera

1 luk

Nekoliko grančica peršina

Sol

6 zrna crnog papra

6 crveno ili žuto zvono<u>Pečene paprike</u>, ogulite i narežite na tanke trakice

Umak

½ šalice maslinovog ulja

3 žlice vinskog octa

¼ šalice nasjeckanog svježeg ravnog peršina

2 žlice sitno nasjeckane ukiseljene ljute papričice ili po ukusu

1 češanj češnjaka, sitno nasjeckan

4 do 6 šalica miješanog mladog povrća

1. Stavite piletinu u veliki temeljac i dodajte hladnu vodu da pokrije. Pustite tekućinu da prokuha i kuhajte 10 minuta. Žlicom skinite i uklonite pjenu koja se digne na površinu.

2. Dodajte mrkvu, celer, luk, peršin i sol po ukusu. Kuhajte na srednje niskoj vatri dok piletina ne omekša, a sok ne počne biti bistar, oko 45 minuta.

3. U međuvremenu ispecite paprike po potrebi. Kad je piletina pečena, izvadite je iz lonca. Rezervirajte juhu za drugu upotrebu.

4. Ostavite da se piletina ocijedi i ohladi. Izvadite meso. Meso narežite na komade od 2 cm i stavite ih u zdjelu s pečenom paprikom.

5. U srednjoj posudi pomiješajte sastojke za umak. Prelijte pola umaka preko piletine i paprike i dobro promiješajte. Pokrijte i ohladite u hladnjaku do 2 sata.

6. Neposredno prije posluživanja, prelijte piletinu preostalim umakom. Kušajte i prilagodite začine, dodajte još octa ako je potrebno. Rasporedite zelje na tanjur za posluživanje. Odozgo stavite piletinu i paprike. Poslužite odmah.

Pileća salata na pijemontski način

Insalata di Pollo Piemontese

Čini 6 porcija

U regiji Pijemont, obroci u restoranima obično počinju dugim nizom predjela. Tako sam prvi put probala ovu salatu u klasičnom regionalnom restoranu Belvedere. Volim ga poslužiti kao glavno jelo za ručak u proljeće ili ljeto.

Za brzi obrok, napravite ovu salatu s pečenom piletinom iz trgovine umjesto s poširanom piletinom. Dobra bi bila i pečena purica.

1 pile (3 1/2 do 4 funte)

2 mrkve

2 rebra celera

1 luk

Nekoliko grančica peršina

Sol

6 zrna crnog papra

8 unci bijelih gljiva, tanko narezanih

2 rebra celera, tanko narezana

¼ šalice maslinovog ulja

1 (2 unce) konzerva fileta inćuna, ocijeđenih i nasjeckanih

1 žličica Dijon senfa

2 žlice svježe iscijeđenog soka od limuna

Sol i svježe mljeveni crni papar

Oko 6 šalica zelene salate, natrgane na komade veličine zalogaja

Mali komad Parmigiano-Reggiano

1. Stavite piletinu u veliki lonac i dodajte hladnu vodu da prekrije. Pustite tekućinu da prokuha i kuhajte 10 minuta. Velikom žlicom skidajte pjenu koja se diže na površinu.

2. Dodajte mrkvu, celer, luk, peršin i sol po ukusu. Kuhajte na srednje niskoj vatri dok piletina ne omekša, a sok ne počne biti bistar, oko 45 minuta. Izvadite piletinu iz lonca. Rezervirajte juhu za drugu upotrebu.

3. Pustite piletinu da se ocijedi i malo ohladi. Meso skinite s kože i kostiju. Meso narežite na komade od 2 inča.

4. U velikoj zdjeli pomiješajte komade piletine, gljive i tanko narezani celer.

5. U srednjoj posudi pomiješajte ulje, inćune, senf, limunov sok te sol i papar po ukusu. Prelijte smjesu piletine s preljevom. Raširite zelenu salatu na pladanj i prelijte smjesom od piletine.

6. Gulilicom povrća s okretnom oštricom naribajte parmigiano-reggiano preko salate. Poslužite odmah.

Rolana punjena pureća prsa

Rollata di Tacchino

Čini 6 porcija

Polovice purećih prsa lako je pronaći u većini supermarketa. U ovom jelu iz Emilije-Romagne, nakon što su pureća prsa otkoštena i spljoštena, meso se zarola i peče s kožom prevučenom preko njega kako bi ostalo vlažno. Pečeno poslužite toplo ili hladno. Također je dobar sendvič poslužen s majonezom od limuna.

½ purećih prsa (oko 2 1/2 funte)

1 češanj češnjaka, sitno nasjeckan

1 žlica nasjeckanog svježeg ružmarina

Sol i svježe mljeveni crni papar

2 unce tanko narezanog uvoznog talijanskog pršuta

2 žlice maslinovog ulja

1. Postavite rešetku u sredinu pećnice. Zagrijte pećnicu na 350°F. Nauljite manju posudu za pečenje.

2. Oštrim nožem skinite pureću kožu u komadu. Ostavite ga sa strane. Meso purećih prsa odvojite od kosti. Stavite prsa s kostima prema gore na dasku za rezanje. Počevši od jedne duže strane, prerežite pureća prsa na pola po dužini, zaustavljajući se malo ispod druge duge strane. Otvorite pureća prsa kao knjigu. Spljoštite puretinu batićem za meso na debljinu od oko 1/2 inča.

3. Puretinu pospite češnjakom, ružmarinom te posolite i popaprite po ukusu. Na to poslagati pršut. Počevši od jedne od dužih strana, zarolajte meso u valjak. Preko rolade navucite pureću kožu. Zavežite roladu kuhinjskim koncem u razmacima od 2 inča. Stavite roladu sa šavovima prema dolje u pripremljenu posudu. Prelijte uljem i pospite solju i paprom.

4. Pecite puretinu 50 do 60 minuta, ili dok unutarnja temperatura mesa ne bude 155°F na termometru s trenutnim očitavanjem. Pustite da odstoji 15 minuta prije rezanja. Poslužite vruće ili na sobnoj temperaturi.

Poširana pureća mesna štruca

Polpettone di Tacchino

Čini 6 porcija

U Italiji se puretina često reže na komade ili melje umjesto da se peče cijela. Ova štruca iz Pijemonta je poširana, što joj daje teksturu koja više liči na paštetu.

Ova štruca je dobra topla ili hladna. Poslužite uz_Zeleni umak_, ili umak od svježe rajčice.

4 ili 5 kriški talijanskog kruha, očišćene od kore i natrgane na komade (oko 1 šalice)

½ šalice mlijeka

2 žlice nasjeckanog svježeg peršina

1 veliki češanj češnjaka

4 unce nasjeckane pancete

½ šalice svježe naribanog parmigiano-reggiana

Sol i svježe mljeveni crni papar

1 funta mljevene puretine

2 velika jaja

¼ šalice pistacija, oguljenih i grubo nasjeckanih

1. Namočite kruh u hladnom mlijeku 5 minuta ili dok ne omekša. Nježno stisnite kruh i stavite ga u multipraktik opremljen čeličnom oštricom. Bacite mlijeko.

2. Dodajte peršin, češnjak, pancetu, sir te sol i papar po ukusu. Procesirati dok se ne usitne. Dodajte puretinu i jaja i miješajte dok ne postane glatko. Spatulom umiješajte pistacije.

3. Položite komad navlažene gaze veličine 14 × 12 inča na ravnu površinu. Oblikujte smjesu puretine u štrucu 8 × 3 inča i centrirajte je na krpu. Zamotajte krpu oko purice tako da je potpuno obuhvatite. Kuhinjskim koncem zavežite štrucu u razmacima od 2 inča kao da vežete pečenje.

4. Napunite veliki lonac s 3 litre hladne vode. Pustite tekućinu da zakuha.

5. Dodajte štrucu i poširajte, djelomično pokrivenu, 45 minuta ili dok sok ne počne biti bistar kada se štruca probode u sredini vilicom.

6. Izvadite štrucu iz tekućine i ostavite da se ohladi 10 minuta. Odmotajte i narežite na kriške za posluživanje.

Pureće rolice u umaku od rajčice od crvenog vina

Rollatini u Salsa Rosa al Vino

Za 4 porcije

Kad sam se prvi put udala, susjeda mi je dala ovaj recept iz regije porijekla svoje obitelji, Puglie. Godinama sam ga petljala, a iako je ona koristila teleće kotlete, ja ga radije radim s puretinom. Kiflice se mogu pripremiti unaprijed i čuvati u hladnjaku. Lijepo se podgriju dan ili dva kasnije.

4 unce mljevene teletine ili puretine

2 unce pancete, sitno nasjeckane

¼ šalice nasjeckanog svježeg ravnog peršina

1 mali češanj češnjaka, sitno nasjeckan

¼ šalice običnih suhih krušnih mrvica

Sol i svježe mljeveni crni papar

1 1/4 funte tanko narezanih purećih kotleta, izrezanih na 12 komada

2 žlice maslinovog ulja

½ šalice suhog crnog vina

2 šalice oguljenih, sjemenki i nasjeckanih svježih rajčica ili ocijeđenih i nasjeckanih rajčica iz konzerve

Prstohvat mljevene crvene paprike

1. U velikoj zdjeli pomiješajte teletinu, pancetu, peršin, češnjak, krušne mrvice te sol i papar po ukusu. Smjesu oblikujte u 12 malih oblika kobasica dugih oko 3 inča. Stavite jednu kobasicu na kraj purećeg kotleta. Meso smotajte da obuhvati kobasicu. Čačkalicom zabodite roladu zatvorenu u sredini, paralelno s roladom. Ponovite s preostalim kobasicama i kotletima.

2. U srednjoj tavi zagrijte maslinovo ulje na srednje jakoj vatri. Dodati rolnice i zapržiti sa svih strana, oko 10 minuta. Dodajte vino i zakuhajte. Kuhajte 1 minutu, okrećući rolice.

3. Dodajte rajčice, sol po ukusu i prstohvat mljevene crvene paprike. Smanjite vatru na najnižu. Djelomično poklopiti posudu. Kuhajte uz dodavanje malo tople vode po potrebi da umak ne postane presuh 20 minuta ili dok rolice ne omekšaju kada ih probodete vilicom.

4. Prebacite rolice na pladanj. Uklonite čačkalice i žlicom prelijte umak po vrhu. Poslužite vruće.

Pačja prsa sa slatko-kiselim smokvama

Petto di Anatra con Agrodolce di Fichi

Za 4 porcije

Ovaj suvremeni recept iz Pijemonta za pačja prsa pirjana sa smokvama i balzamičnim octom savršena je za posebnu večeru. Pačja prsa su najbolja kada su pečena do srednje pečenosti i još uvijek ružičasta u najdebljem dijelu. Poslužite s maslacem namazanim špinatom i gratiniranim krumpirom.

2 pačja prsa bez kostiju (svaka oko 2 funte)

Sol i svježe mljeveni crni papar

8 svježih zrelih zelenih ili crnih smokava ili suhih smokava

1 žlica šećera

1/4 šalice odležanog balzamičnog octa

1 žlica neslanog maslaca

1 žlica nasjeckanog svježeg peršina

1. Izvadite pačja prsa iz hladnjaka 30 minuta prije kuhanja. Pačja prsa operite i osušite. Zarežite 2 ili 3 dijagonalne rezove na koži pačjih prsa bez rezanja do mesa. Obilno pospite solju i paprom.

2. U međuvremenu, svježe smokve prerežite na pola ili na četvrtine ako su velike. Ako koristite suhe smokve, potopite ih u toplu vodu dok ne postanu pune, 15 do 30 minuta. Ocijedite, pa narežite na četvrtine.

3. Postavite rešetku u sredinu pećnice. Zagrijte pećnicu na 350°F. Pripremite manju tepsiju.

4. Zagrijte veliku neljepljivu tavu na srednje jakoj vatri. Dodajte pačja prsa s kožom prema dolje. Pecite patku bez okretanja dok lijepo ne porumeni sa strane kože, 4 do 5 minuta.

5. Premažite posudu za pečenje malo pačje masti iz tave. Pačja prsa s kožom prema gore stavite u tavu i pecite 5 do 6 minuta, odnosno dok meso ne dobije ružičastu boju kada ga prerežete u najdebljem dijelu.

6. Dok je patka u pećnici, odlijte masnoću s tave, ali je nemojte brisati. Dodajte smokve, šećer i balsamico. Kuhajte, vrteći tavu, dok se tekućina malo ne zgusne, oko 2 minute. Maknite s vatre i umiješajte maslac.

7. Kada su gotova, stavite pačja prsa na dasku za rezanje. Narežite prsa na dijagonalne kriške od 3/4 inča. Raspršite kriške na 4 topla tanjura za posluživanje. Žlicom dodajte umak od smokava. Pospite peršinom i odmah poslužite.

Začinjena pečena patka

Patka allo Vrsta

Za 2 do 4 porcije

U Pijemontu se divlje patke peku s crnim vinom, octom i začinima. Budući da su pekinške vrste domaćih pataka koje su dostupne u Sjedinjenim Državama vrlo masne, prilagodio sam ovaj recept za pečenje. Na patki nema puno mesa, pa očekujte samo dvije velike ili četiri male porcije. Škare za perad od velike su pomoći pri rezanju patke na komade za posluživanje.

1 patka (oko 5 funti)

2 češnja češnjaka nasjeckana

2 srednje glavice luka, tanko narezane

1 žlica nasjeckanog svježeg ružmarina

3 cijela klinčića

½ žličice mljevenog cimeta

¼ šalice suhog crnog vina

2 žlice crvenog vinskog octa

1. Vilicom izbodite kožu posvuda kako bi masnoća iscurila kad se kuha. Pazite da probodete samo površinu kože i izbjegavajte bušenje mesa.

2. U srednjoj zdjeli pomiješajte češnjak, luk, ružmarin, klinčiće i cimet. Raspršite otprilike trećinu smjese u srednju posudu za pečenje. Stavite patku u tepsiju i nadjenite malo smjese unutra. Preostalu smjesu naslagati na vrh patke. Pokrijte i stavite u hladnjak preko noći.

3. Postavite rešetku u sredinu pećnice. Zagrijte pećnicu na 325°F. Ostružite sastojke za marinadu s patke u tavu. Patku pecite s prsima prema dolje 30 minuta.

4. Okrenite patku prsima prema gore i prelijte vinom i octom. Pecite 1 sat, podlijevajući svakih 15 minuta tekućinom iz posude. Povisite temperaturu pećnice na 400°F. Pecite još 30 minuta, ili dok patka ne porumeni i dok temperatura u butu ne zabilježi 175°F na termometru s trenutnim očitanjem.

5. Prebacite patku na dasku za rezanje. Pokrijte folijom i ostavite da odstoji 15 minuta. Procijedite sok iz tave i žlicom skinite masnoću. Po potrebi ponovno zagrijte sok iz tave.

6. Patku narežite na komade za posluživanje i poslužite toplu sa sokom.

Prepelice u tavi s vrganjima

Quaglie in Tegame con Funghi Porcini

Za 4 do 8 porcija

U Buttriu, u Furlaniji-Julijskoj krajini, moj suprug i ja smo jeli u Trattoria Al Parco, restoranu koji posluje od 1920-ih. Srce restorana je kamin, golemi otvoreni kamin tipičan za domove na ovim prostorima. Ljudi u Furlaniji često se rado prisjećaju sjećanja iz djetinjstva na noći provedene uz ognjište, kuhanje i pričanje priča. Kamin u Al Parco pali se svake večeri i koristi se za roštiljanje mesa i gljiva. One noći kad smo bili tamo, specijalitet su bile ptičice u bogatom umaku od gljiva.

1 unca suhih vrganja (oko 3/4 šalice)

2 šalice vruće vode

8 prepelica, pripremljenih prema uputama krajnje desno

8 listova kadulje

4 kriške pancete

Sol i svježe mljeveni crni papar

2 žlice neslanog maslaca

1 žlica maslinovog ulja

1 manja glavica luka sitno nasjeckana

1 mrkva, sitno nasjeckana

1 mekana rebra celera, sitno nasjeckana

½ šalice suhog bijelog vina

2 žličice paste od rajčice

1. Namočite gljive u vodi najmanje 30 minuta. Izvadite gljive iz vode, sačuvajte tekućinu. Isperite gljive pod hladnom tekućom vodom, obraćajući posebnu pozornost na krajeve stabljika gdje se nakuplja zemlja. Sačuvanu tekućinu od gljiva procijedite kroz platnenu salvetu ili papirnati filter za kavu u posudu. Gljive krupno nasjeckajte. Staviti na stranu.

2. Prepelice isperite iznutra i izvana i temeljito ih osušite tapkanjem. Pregledajte ih ima li perja i uklonite ih. Unutra stavite komadić pancete, list kadulje te prstohvat soli i papra.

3. U velikoj tavi zagrijte maslac i ulje na srednje jakoj vatri. Dodajte prepelice i kuhajte ih povremeno okrećući dok lijepo ne porumene sa svih strana oko 15 minuta. Prepelice prebacite na

tanjur. U tavu dodajte luk, mrkvu i celer. Kuhajte uz često miješanje 5 minuta ili dok ne omekša.

4.Dodajte vino i pirjajte 1 minutu. Umiješajte gljive, pastu od rajčice i tekućinu od gljiva. Vratite prepelice u tavu. Pospite solju i paprom.

5.Pustite tekućinu da zakuha. Smanjite toplinu na najnižu. Poklopite i kuhajte, povremeno okrećući i podlijevajući prepelice, oko 1 sat ili dok ptice ne omekšaju kada ih probodete vilicom.

6.Ako je u tavi previše tekućine, prepelice izvadite na tanjur za posluživanje i prekrijte folijom da ostanu tople. Pojačajte vatru i kuhajte tekućinu dok se ne smanji. Prepelice prelijte umakom i odmah poslužite.

Prepelice na žaru

Qualie alla Griglia

Za 2 do 4 obroka

Restoran u La Badiji u Orvietu specijaliziran je za meso kuhano na roštilju na drva. Kobasice, male ptice i velika pečenja polako se vrte iznad plamena, ispunjavajući restoran slatkim mirisima. Ove prepelice, kuhane na roštilju ili u pečenjari, inspirirane su onima koje sam jeo u Umbriji. Ptice su izvana hrskave, a iznutra sočne.

4 prepelice, odmrznute ako su smrznute

1 veliki češanj češnjaka, sitno nasjeckan

1 žlica svježeg ružmarina, nasjeckanog

¼ šalice maslinovog ulja

Sol i svježe mljeveni crni papar

1 limun, izrezan na kriške

1. Prepelice isperite iznutra i izvana i temeljito ih osušite tapkanjem. Pregledajte ih ima li perja i uklonite ih. Škarama za perad prerežite prepelicu na pola kroz leđa i prsnu kost.

Polovice prepelica lagano izlupajte batićem za meso ili gumenim čekićem da se malo spljošte.

2. U velikoj zdjeli pomiješajte češnjak, ružmarin, ulje te sol i papar po ukusu. Dodajte prepelice u zdjelu, miješajući da se prekriju. Pokrijte i stavite u hladnjak na 1 sat do preko noći.

3. Postavite rešetku za roštilj ili rešetku za broilere oko 5 inča od izvora topline. Prethodno zagrijte roštilj ili brojler.

4. Pecite polovice prepelica na roštilju dok lijepo ne porumene s obje strane, oko 10 minuta. Poslužite vruće s kriškama limuna.

Prepelice s rajčicama i ružmarinom

Quaglie u salsi

Za 4 do 8 porcija

Molise, smješten na jadranskoj obali u južnoj Italiji, jedna je od najmanje poznatih regija u zemlji. Uglavnom je poljoprivredna, s malo sadržaja za turiste, a do 1960-ih zapravo je bila dio kombinirane regije Abruzzo i Molise. Moj muž i ja otišli smo tamo posjetiti Majo di Norante, vinogradarsko imanje i agriturismo (radna farma ili vinarija koja također djeluje kao hostel) koji proizvodi neka od najboljih vina u regiji.

Prepelice pripremljene u laganom umaku od rajčice s okusom ružmarina jeli smo u Vecchia Trattoria da Tonino u Campobassu. Probajte s vinom Majo di Norante, kao što je sangiovese.

1 manja glavica luka nasjeckana

2 unce pancete, nasjeckane

2 žlice maslinovog ulja

8 svježih ili odmrznutih smrznutih prepelica

1 žlica nasjeckanog svježeg ružmarina

Sol i svježe mljeveni crni papar

3 žlice paste od rajčice

1 šalica suhog bijelog vina

1. U velikoj tavi s poklopcem koji čvrsto prianja, kuhajte luk i pancetu na maslinovom ulju na srednje jakoj vatri dok luk ne poprimi zlatnu boju, oko 10 minuta. Gurnite sastojke na stijenke posude.

2. Prepelice isperite iznutra i izvana i temeljito ih osušite tapkanjem. Pregledajte ih ima li perja i uklonite ih. Dodajte prepelice u tavu i popržite ih sa svih strana oko 15 minuta. Pospite ružmarinom, posolite i popaprite po ukusu.

3. U maloj posudi pomiješajte pastu od rajčice i vino. Prelijte smjesu preko prepelica i dobro promiješajte. Smanjite vatru na najnižu. Poklopite i kuhajte, povremeno okrećući prepelice, oko 50 minuta ili dok ne postanu vrlo mekane kada se probodu vilicom. Poslužite vruće.

Pirjana prepelica

Quaglie Stufate

Za 4 porcije

Gianni Cosetti je kuhar i vlasnik restorana Roma u Tolmezzu, u planinskoj regiji Carnia u Friuli-Venezia Giulia. Poznat je po modernim interpretacijama tradicionalnih recepata i lokalnih namirnica. Kad sam tamo jeo, rekao mi je da se ovaj recept tradicionalno priprema s becacceom, malom pernatom divljači koja se lovila dok je prolazila kroz regiju na godišnjoj seobi. Danas Gianni koristi samo svježu pernatu divljač i umata je u omotač od pancete kako bi ostala vlažna i mekana dok se kuha. Preporuča da ih poslužite uz schioppetino, crno vino iz Furlanije.

8 prepelica

16 bobica kleke

Oko 16 svježih listova kadulje

4 režnja češnjaka, tanko narezana

Sol i svježe mljeveni crni papar

8 tankih kriški pancete

2 žlice neslanog maslaca

2 žlice maslinovog ulja

1 šalica suhog bijelog vina

1. Prepelice isperite iznutra i izvana i temeljito ih osušite tapkanjem. Pregledajte ih ima li perja i uklonite ih. Svaku prepelicu nadjenite s 2 bobice kleke, jednim listom kadulje i malo režnjeva češnjaka. Ptice pospite solju i paprom. Na vrh svake prepelice stavite list kadulje. Odmotajte pancetu i zamotajte šnitu oko svake prepelice. Oko pancete zavežite kuhinjsku špagu da je drži na mjestu.

2. U velikoj tavi s poklopcem koji čvrsto prianja, otopite maslac s uljem na srednjoj vatri. Dodajte prepelice i zapecite ptice sa svih strana oko 15 minuta.

3. Dodajte vino i pustite da zakuha. Pokrijte posudu, smanjite vatru i kuhajte, okrećući i podlijevajući prepelice nekoliko puta tekućinom, 45 do 50 minuta ili dok prepelice ne omekšaju. Dodajte malo vode ako posuda postane presuha. Poslužite vruće.

Meso

Talijani jedu mnogo raznolikiju ponudu mesa od Amerikanaca. Najzastupljenija je svinjetina, teletina i janjetina, ali Talijani jedu dosta i divljači, osobito divljači i veprova. Jare, ili beba koza, popularna je na jugu; okus je vrlo sličan janjetini. U nekim regijama, poput Veneta i Puglie, jede se konjetina, a meni su jednom u Pijemontu ponudili pirjano magarce.

Italija nema puno ravnog otvorenog zemljišta za velike životinje na ispaši poput goveda, tako da nema jaku kulinarsku tradiciju koja uključuje govedinu. Izuzetak su Toskana i dijelovi Umbrije, gdje se uzgaja vrsta goveda poznata kao Chianina. Ova potpuno bijela pasmina poznata je po svom ukusnom mesu, posebno bistecca fiorentina, debelom komadu porterhouse odreska koji se peče na roštilju na drvenom ugljenu i poslužuje preliven finim regionalnim ekstradjevičanskim maslinovim uljem.

Osim govedine Chianina i vrhunskih komada kao što je filet, govedina u Italiji obično je žvakaća. Najbolje je pečeno u loncu, pirjano ili pirjano, kuhano u raguu ili samljeveno za mesne okruglice, štruce ili nadjeve. Pijemontski kuhari ponosni su na svoju govedinu u Barolu, velikom komadu mesa mariniranog i polagano kuhanog u najpoznatijem crnom vinu regije. Napolitanci kuhaju male goveđe odreske alla pizzaiola, pirjajući meso u umaku od rajčice s okusom češnjaka i origana. Na Siciliji se velike tanke kriške govedine pune, motaju i kuhaju kao pečenje za farsumagru, što znači "lažno nemasno", jer njezin običan izgled skriva nadjev iznutra.

U Italiji se češće od govedine jede teletina, meso mlade muške teladi, obično ne starije od osam do šesnaest tjedana. Najbolje je hranjeno mlijekom, što znači da je životinja toliko mlada da nikad nije jela travu ili stočnu hranu. Meso teletine hranjene mlijekom ima blijedoružičastu boju i vrlo je mekano. Teletina od starijih životinja koje se hrane žitaricama je tamnije crvena, jačeg okusa i žvakaća, iako može biti jako dobra.

Sočne kobasice, meko pečenje i hrskava rebarca samo su neki od ukusnih pripravaka od svinjetine koji se jedu u Italiji. Omiljeni prizor u središnjoj Italiji je porchetta kamion—posebno opremljen kombi u kojem se nalazi cijela pečena svinja jako začinjena češnjakom, komoračem, začinskim biljem i crnim paprom. Kombiji se mogu naći na sajmovima i tržnicama te parkirani uz ceste u blizini plaža i parkova. Svatko ima svoj ili svoj omiljeni izvor porchette, a možete naručiti nekoliko kriški za ponijeti za večeru ili sendvič za uživanje na licu mjesta. Upućeni traže dodatnu prodaju, što znači ne samo sol, već cijelu mješavinu začina koja daje okus mesu.

Kad smo posjetili vinariju Majo di Norante u Abruzzu, gostili smo se pečenim odojkom pečenim na otvorenom u pećnici na drva. Koža je bila hrskava i zlatna, a svinja je poslužena s limunom u ustima i vijencem od grančica ružmarina oko vrata.

U Friuli-Venezia Giulia jeli smo u Ristoranteu Blasut, gdje nam je vlasnik ispričao sve o svojoj godišnjoj maialati. Zakolju se svinje koje su se tovile cijelo ljeto i jesen i nastaje cjelodnevna fešta. Događaj se održava u siječnju kada je vrijeme hladno, tako da je manja mogućnost zaraze. Svaki dio svinje je iskorišten. Zapravo, mnogi od talijanskih ukusnih hladnih narezaka, uključujući pršut, pancetu, salamu i mortadelu, razvili su se kao način očuvanja mesa i iskorištavanja svih ostataka.

Kad me ljudi pitaju zašto je hrana u Italiji toliko drugačijeg okusa od iste hrane koja se priprema ovdje, uvijek pomislim na svinjetinu kao primjer. U Italiji je meso sočno i punog okusa jer je masno, ali u Sjedinjenim Državama svinjetina je uzgojena tako da ima vrlo, vrlo malo masti. Uz smanjenje masnoće, meso također pati od nedostatka okusa i vrlo ga je teško kuhati, a da ne postane suho i žilavo.

U Italiji je janjetina još uvijek uglavnom sezonsko jelo, u kojem se uživa u proljeće kada su janjci vrlo mladi, a meso izuzetno mekano. Talijani janjetinu povezuju s krajem zime te ponovnim rođenjem i obnovom koja dolazi s Uskrsom. To je neizostavni dio blagdanskih slavlja.

Većina talijanske janjetine uzgaja se u središnjim i južnim regijama, jer je ondje brdovita i kamenita zemlja, pogodnija za ispašu ovaca nego goveda. Posjetite li Toskanu, Umbriju, Abruzzo i Marke, vidjet ćete stada ovaca kako pasu na obroncima. Iz daljine izgledaju kao pahuljaste bijele pamučne loptice razbacane po travi. U jesen se ovce tjeraju prema jugu i Pugliji. Vraćaju se u središnju Italiju u proljeće u godišnjem obredu zvanom trasumanza. Na taj se način životinje mogu hraniti prirodnim biljem i travama koje rastu u tim regijama u različito doba godine.

Mnoge od ovih ovaca uzgajaju se radi mlijeka, a središnja i južna Italija proizvode širok izbor sireva od ovčjeg mlijeka. Koze se uzgajaju zbog mlijeka i mesa, a brojni su recepti koji traže jarad. Janjetina i jaretina imaju vrlo sličan okus i teksturu te se obje mogu koristiti u ovim receptima.

Kunić je popularno meso u Italiji, a recepte za njegovu pripremu pronaći ćete u svakoj regiji. Pretpostavljam da je popularniji od piletine, a svakako više cijenjen. Meso kunića je blagog okusa i pogodno za razne pripreme.

Kvaliteta mesa u supermarketima jako varira. Često je dostupan samo ograničen izbor mesa. Pokušajte pronaći iskusnog mesara koji će izrezati meso prema vašim zahtjevima i savjetovati vas o pravom komadu mesa za vašu svrhu.

Kada dobijete meso kući, spremite ga u hladnjak i skuhajte, najbolje u roku od 24 do 48 sati. Za duže čuvanje meso dobro zamotajte i zamrznite. Smrznuto meso odmrznite preko noći u hladnjaku.

Isperite i osušite meso papirnatim ručnicima neposredno prije pečenja. Vlaga na površini mesa sprječava tamnjenje i stvara paru koja može očvrsnuti meso.

Odrezak na žaru, firentinski stil

Bistecca Fiorentina

Za 6 do 8 porcija

Najkvalitetnija govedina u Italiji dolazi od velike, čisto bijele pasmine goveda poznate kao Chianina. Za ovu pasminu, nazvanu po dolini Chiana u Toskani, vjeruje se da je jedna od najstarijih vrsta domaćih goveda. Izvorno su držani kao tegleće životinje i uzgajani da budu vrlo veliki i poslušni. Budući da su strojevi preuzeli njihov posao na modernim farmama, goveda Chianina sada se uzgajaju zbog visokokvalitetnog mesa.

Porterhouse odresci, koji su poprečni presjek kraćeg leđa i pečenice odvojene kosti u obliku slova T, izrezani su od govedine Chianina i kuhani na ovaj način u Toskani. Iako Chianina govedina nije dostupna u Sjedinjenim Državama, svejedno možete napraviti ukusne odreske s ovim receptom. Kupujte najkvalitetnije meso koje možete.

2 porterhouse odreska, debljine 1 1/2 inča (oko 2 funte svaki)

Sol i svježe mljeveni crni papar

Ekstra djevičansko maslinovo ulje

kriške limuna

1. Postavite rešetku za roštilj ili rešetku za broilere oko 4 inča od izvora topline. Prethodno zagrijte roštilj ili brojler.

2. Odreske pospite solju i paprom. Meso pecite na roštilju ili pecite 4 do 5 minuta. Meso preokrenite hvataljkama i pecite još oko 4 minute za rare, odnosno 5 do 6 minuta za medium rare, ovisno o debljini odrezaka. Da provjerite je li pečeno, napravite mali rez na najdebljem dijelu. Za duže pečenje odreske premjestite na hladniji dio roštilja.

3. Pustite odreske da odstoje 5 minuta prije nego što ih poprečno režete na tanke ploške. Pospite još soli i papra. Prelijte uljem. Poslužite vruće s kriškama limuna.

Odrezak s glazurom od balsamica

Bistecca al Balsamico

Čini 6 porcija

Nemasni odrezak s boka bez kostiju izvrsnog je okusa kad se prije pečenja na žaru ili pečenja potopi u balzamičnom octu i maslinovom ulju. Balzamični ocat sadrži prirodne šećere, tako da kada se njime namaže meso prije pečenja na roštilju, pečenja ili pečenja, pomaže u stvaranju lijepe smeđe korice koja zadržava mesne sokove i daje meki okus. Koristite najbolji balzamični ocat koji možete pronaći.

2 žlice ekstra djevičanskog maslinovog ulja, plus još za prelijevanje

2 žlice balzamičnog octa

1 češanj češnjaka, sitno nasjeckan

1 bočni odrezak, oko 1 1/2 funte

Sol i svježe mljeveni crni papar

1. U plitkoj posudi dovoljno velikoj da u nju stane odrezak pomiješajte ulje, ocat i češnjak. Dodajte odrezak, okrećući ga da ga obložite marinadom. Pokrijte i ostavite u hladnjaku do 1 sat, povremeno okrećući odrezak.

2. Postavite rešetku za roštilj ili rešetku za broilere oko 4 inča od izvora topline. Prethodno zagrijte roštilj ili brojler. Odrezak izvadite iz marinade i osušite. Pecite odrezak na roštilju 3 do 4 minute. Meso preokrenite hvataljkama i pecite još oko 3 minute za rare, odnosno 4 minute za medium rare, ovisno o debljini odreska. Da provjerite je li pečeno, napravite mali rez na najdebljem dijelu. Za duže pečenje odrezak premjestite na hladniji dio roštilja.

3. Odrezak pospite solju i paprom. Pustite da odstoji 5 minuta prije rezanja mesa poprečno na tanke kriške. Pokapajte s malo ekstra djevičanskog maslinovog ulja.

Odresci od školjki s lukom, pancetom i crnim vinom

Bistecca al Vino Rosso

Za 4 porcije

Nježni odresci s ljuskom dobivaju pojačan okus od pancete, ljutike i crnog vina.

2 žlice neslanog maslaca

1 debela kriška pancete (oko 1 unca), sitno nasjeckana

2 odreska s ljuskom bez kostiju, debljine oko 1 cm

Sol i svježe mljeveni crni papar

¼ šalice nasjeckane ljutike

½ šalice suhog crnog vina

½ šalice domaćeg <u>Juha od mesa</u> ili kupovnu goveđu juhu

2 žlice balzamičnog octa

1. Zagrijte pećnicu na 200°F. U velikoj tavi otopite 1 žlicu maslaca na srednjoj vatri. Dodajte pancetu. Kuhajte dok panceta ne

porumeni, oko 5 minuta. Pancetu izvadite šupljikavom žlicom i izlijte masnoću.

2. Osušite odreske. U istoj tavi na srednjoj vatri otopite preostalu žlicu maslaca. Kad se pjena od maslaca slegne, stavite odreske u tavu i kuhajte dok lijepo ne porumene, 4 do 5 minuta. Pospite solju i paprom. Meso preokrenite hvataljkama i pecite 4 minute s druge strane za pečenje ili 5 do 6 minuta za srednje pečeno. Da provjerite je li pečeno, napravite mali rez na najdebljem dijelu. Prebacite odreske na vatrostalnu ploču i držite ih na toplom u pećnici.

3. Dodajte ljutiku u tavu i kuhajte, miješajući, 1 minutu. Dodajte vino, juhu i aceto balsamico. Pustite da zavrije i kuhajte dok tekućina ne postane gusta i sirupasta, oko 3 minute.

4. Umiješajte pancetu u sok od tave. Odreske žlicom prelijte umakom i odmah poslužite.

Rezani odrezak s rukolom

Straccetti di Manzo

Za 4 porcije

Straccetti znači "male krpice", na koje nalikuju ove uske trake mesa. Prije pripreme ovog jela, junetinu stavite u zamrzivač dok ne postane dovoljno čvrsta da je možete narezati na tanke ploške. Pripremite sve sastojke, ali začinite salatu tek neposredno prije pečenja mesa.

2 vezice rikule

4 žlice ekstra djevičanskog maslinovog ulja

1 žlica balzamičnog octa

1 žlica nasjeckane ljutike

Sol i svježe mljeveni crni papar

1 1/4 funte nemasnog fileta bez kosti ili drugog mekanog bifteka

1 žličica nasjeckanog svježeg ružmarina

1. Odrežite rikulu, odbacite stabljike i nagnječene listove. Operite ih u nekoliko promjena hladne vode. Vrlo dobro osušite. Natrgajte rikulu na komadiće veličine zalogaja.

2. U velikoj zdjeli umutite 2 žlice ulja, ocat, ljutiku te sol i papar po ukusu.

3. Oštrim nožem za rezanje odrežite biftek poprečno na vrlo tanke ploške. Zagrijte veliku tešku tavu na srednje jakoj vatri. Kad se jako zagrije dodajte preostale 2 žlice maslinovog ulja. Stavite goveđe kriške u tavu u jednom sloju, u serijama ako je potrebno, i kuhajte dok ne porumene, oko 2 minute. Meso preokrenite hvataljkama i pospite solju i paprom. Kuhajte dok lagano ne porumene, otprilike 1 minutu, rijetko.

4. Prelijte rikulu dresingom i posložite je na pladanj. Na vrh rikule posložite goveđe ploške i pospite ružmarinom. Poslužite odmah.

Odresci od pečenice s gorgonzolom

Filetto di Manzo al Gorgonzola

Za 4 porcije

Odresci od pečenice blagog su okusa, ali ovaj luksuzni umak daje im puno karaktera. Neka mesar odreže odreske debljine ne više od 1 1⁄4 inča radi lakšeg kuhanja i zavežite svaki odrezak kuhinjskom uzicom tako da zadrži svoj oblik. Obavezno odmjerite i poredajte sve sastojke prije nego što počnete kuhati jer ide jako brzo.

4 goveđa odreska, debljine oko 1 cm

Ekstra djevičansko maslinovo ulje

Sol i svježe mljeveni crni papar

3 žlice neslanog maslaca

1 mala ljutika, sitno nasjeckana

1⁄4 šalice suhog bijelog vina

1 žlica Dijon senfa

Oko 4 unce sira gorgonzole, skinite koru i narežite na komade

1. Odreske namažite maslinovim uljem i pospite solju i paprom. Pokrijte i ohladite. Izvadite odreske iz hladnjaka otprilike 1 sat prije pečenja.

2. Zagrijte pećnicu na 200°F. Otopite 2 žlice maslaca u velikoj tavi na srednjoj vatri. Kad se pjena od maslaca slegne, osušite odreske. Stavite ih u tavu i kuhajte dok lijepo ne porumene, 4 do 5 minuta. Meso preokrenite hvataljkama i pecite s druge strane, 4 minute za pečeno ili 5 do 6 minuta za srednje pečeno. Da provjerite je li pečeno, napravite mali rez na najdebljem dijelu. Prebacite odreske na topli lim i držite ih na toplom u pećnici.

3. Dodajte ljutiku u tavu i kuhajte, miješajući, 1 minutu. Umiješajte vino i senf. Smanjite vatru i dodajte gorgonzolu. Umiješajte sav sok koji se nakupio oko odrezaka. Maknite s vatre i pjenasto umiješajte preostalu 1 žlicu maslaca.

4. Odreske žlicom prelijte umakom i poslužite.

Punjene goveđe rolice u umaku od rajčice

Braciole al Pomodoro

Za 4 porcije

Tanke kriške okrugle govedine savršene su za braciole—obično izgovarane bra-zholl—aromatične, sporo kuhane omiljene. Tražite velike šnite govedine bez puno vezivnog tkiva kako bi dobro držale oblik.

Braciole se mogu kuhati kao dio<u>napuljski Ragù</u>. Neki kuhaju braciole s tvrdo kuhanim jajetom, a drugi u osnovni nadjev dodaju grožđice i pinjole.

4 tanke kriške okrugle govedine bez kostiju, oko 1 funta

3 češnja češnjaka, sitno nasjeckana

2 žlice ribanog pecorino romano sira

2 žlice nasjeckanog svježeg peršina

Sol i svježe mljeveni crni papar

2 žlice maslinovog ulja

1 šalica suhog crnog vina

2 šalice konzervirane uvezene talijanske rajčice s njihovim sokom, propuštene kroz mlin za hranu

4 svježa lista bosiljka, natrgana na male komadiće

1. Stavite govedinu između 2 komada plastične folije i nježno istucite ravnom stranom mljevenja za meso ili gumenim čekićem na jednaku debljinu od 1/8 inča. Odbacite gornji komad plastike.

2. Za umak odvojite 1 nasjeckani režanj češnjaka. Meso pospite preostalim češnjakom, sirom, peršinom te solju i paprom po ukusu. Svaki komad smotajte kao kobasicu i zavežite kao malo pečenje pamučnim kuhinjskim koncem.

3. Zagrijte ulje u velikom loncu. Dodajte braciole. Pecite uz povremeno okretanje mesa dok ne porumeni sa svih strana oko 10 minuta. Pospite preostali češnjak oko mesa i kuhajte 1 minutu. Dodajte vino i pirjajte 2 minute. Umiješajte rajčice i bosiljak.

4. Poklopite i kuhajte na laganoj vatri, povremeno okrećući meso, dok ne omekša kada se probode vilicom, oko 2 sata. Dodajte malo vode ako umak postane pregust. Poslužite vruće.

Govedina i pivo

Carbonata di Bue

Čini 6 porcija

Govedina, pivo i luk dobitna je kombinacija u ovom gulašu s Alto Adigea. Slično je francuskoj karbonadi govedine, s druge strane granice.

Goveđi komad bez kostiju dobar je izbor za gulaš. Ima taman toliko mramora da ostane vlažan tijekom dugog kuhanja.

4 žlice neslanog maslaca

2 žlice maslinovog ulja

3 srednje glavice luka (oko 1 funte), tanko narezane

3 funte goveđeg gulaša bez kostiju, izrezanog na komade od 1 1/2 inča

1/2 šalice višenamjenskog brašna

12 unci piva, bilo koje vrste

2 šalice oguljenih, sjemenki i nasjeckanih svježih rajčica ili pirea od rajčica iz konzerve

Sol i svježe mljeveni crni papar

1. Rastopite 2 žlice maslaca s 1 žlicom ulja u velikoj tavi na srednje niskoj temperaturi. Dodajte luk i kuhajte, često miješajući, dok luk ne postane lagano zlatne boje, oko 20 minuta.

2. U velikoj pećnici ili drugom dubokom, teškom loncu s poklopcem koji čvrsto prianja, otopite preostali maslac s uljem na srednjoj vatri. Polovicu govedine udubite u brašno i otresite višak. Dobro zapecite komade sa svih strana, oko 10 minuta. Prebacite meso na tanjur. Ponovite s preostalim mesom.

3. Odlijte masnoću iz vatrostalne posude. Dodajte pivo i pustite da lagano kuha, stružući po dnu vatrostalne posude da se zapečeni komadići pomiješaju s pivom. Kuhajte 1 minutu.

4. Postavite rešetku u sredinu pećnice. Zagrijte pećnicu na 375°F. Sve meso vratite u vatrostalnu posudu. Dodajte luk, rajčice te sol i papar po ukusu. Pustite tekućinu da zakuha.

5. Poklopite vatrostalnu posudu i pecite u pećnici uz povremeno miješanje 2 sata ili dok meso ne omekša kada se probode nožem. Poslužite vruće.

Gulaš od govedine i luka

karbonada

Čini 6 porcija

U Trentinu–Alto Adigeu, ovaj gulaš imena sličnog prethodnom priprema se s crnim vinom i začinima. Meso divljači ili neka druga divljač ponekad se zamjenjuje govedinom. Meka palenta s maslacem klasičan je prilog ovom izdašnom varivu, ali volim je i s<u>Pire od cvjetače</u>.

3 žlice neslanog maslaca

3 žlice maslinovog ulja

2 srednje glavice luka, narezane na četvrtine i tanko narezane

½ šalice višenamjenskog brašna

Goveđi komad od 3 funte bez kostiju, izrezan na komade od 2 inča

1 šalica suhog crnog vina

⅛ žličice mljevenog cimeta

⅛ žličice mljevenog klinčića

⅛ žličice mljevenog muškatnog oraščića

1 šalica goveđe juhe

Sol i svježe mljeveni crni papar

1. U velikoj tavi otopite 1 žlicu maslaca s 1 žlicom ulja na srednje niskoj temperaturi. Dodajte luk i kuhajte, povremeno miješajući, dok ne omekša, oko 15 minuta.

2. U velikoj pećnici ili drugom dubokom, teškom loncu s poklopcem koji čvrsto prianja, otopite preostali maslac s uljem na srednjoj vatri. Raširite brašno na list voštanog papira. Meso uvaljajte u brašno, otresite višak. U tavu dodajte samo onoliko komada koliko će udobno stati bez gužve. Kako meso porumeni prebacite ga na tanjir, pa na isti način popržite i preostalo meso.

3. Kad se sve meso zaprži i izvadi, dodajte vino u tavu i pustite da lagano kuha, stružući po dnu posude da se zapečeni komadići pomiješaju s vinom. Pirjati 1 minutu.

4. Vratiti meso u tavu. Dodajte luk, začine i juhu. Posolite i popaprite. Zakuhajte i poklopite posudu. Kuhajte uz povremeno miješanje 3 sata ili dok meso ne postane vrlo mekano kada ga probodete vilicom. Dodajte malo vode ako tekućina postane pregusta. Poslužite vruće.

Papreni goveđi gulaš

Peposo

Čini 6 porcija

Toskanci ovaj papreni gulaš pripremaju s telećim ili goveđim koljenicama, ali ja radije koristim goveđi dio bez kosti. Prema Giovanniju Righiju Parentiju, autoru La Grande Cucina Toscana, kad je papar davno bio pretjerano skup, kuhari su čuvali zrna papra iz kriški salame dok ih nije bilo dovoljno za pripremu peposa.

Moj prijatelj Marco Bartolini Baldelli, vlasnik vinarije Fattoria di Bagnolo, rekao mi je da je ovaj gulaš bio omiljen kod toskanskih proizvođača cigle u gradu Impruneti, koji su ga kuhali u svojim pećima. Boca Fattoria di Bagnolo Chianti Colli Fiorentini Riserva bila bi idealan prilog.

2 žlice maslinovog ulja

Goveđi komad od 3 funte, izrezan na komade od 2 inča

Sol i svježe mljeveni crni papar

2 češnja češnjaka, sitno nasjeckana

2 šalice suhog crnog vina

1 1/2 šalice oguljenih, sjemenki i nasjeckanih rajčica

1 žličica svježe mljevenog crnog papra ili po ukusu

1. U velikoj pećnici ili drugom dubokom, teškom loncu s poklopcem koji čvrsto prianja, zagrijte ulje na srednje jakoj vatri. Osušite govedinu i zapecite je sa svih strana, u serijama, bez gužve u tavi, oko 10 minuta po seriji. Pospite solju i paprom. Prebacite meso na tanjur.

2. Na masnoću u tavi umiješajte češnjak. Dodajte crno vino, sol i papar po ukusu i rajčice. Prokuhajte i vratite meso u tavu. Dodajte hladne vode tek toliko da prekrije meso. Poklopite lonac. Smanjite vatru i kuhajte uz povremeno miješanje 2 sata.

3. Dodajte vino i kuhajte još 1 sat, ili dok govedina ne postane vrlo mekana kada se probode vilicom. Kušajte i prilagodite začine. Poslužite vruće.

Goveđi paprikaš na furlanski

Manzo u Squazetu

Čini 6 porcija

Piletina, govedina i patka samo su neke od različitih vrsta mesa koje se kuhaju u squazetu, što na dijalektu Friuli-Venezia Giulia znači "pirjano".

½ šalice suhih vrganja

1 šalica tople vode

¼ šalice maslinovog ulja

Goveđi komad od 3 funte, izrezan na komade od 2 inča

2 velike glavice luka sitno nasjeckane

2 žlice paste od rajčice

1 šalica suhog crnog vina

2 lista lovora

Prstohvat mljevenog klinčića

Sol i svježe mljeveni crni papar

2 šalice domaćeg Juha od mesa ili kupovnu goveđu juhu

1. Namočite gljive u vodi 30 minuta. Izvadite gljive i sačuvajte tekućinu. Isperite gljive pod hladnom tekućom vodom kako biste uklonili sav pijesak, obraćajući posebnu pozornost na krajeve stabljika gdje se nakuplja zemlja. Gljive krupno nasjeckajte. Procijedite tekućinu od gljiva kroz papirnati filter za kavu u zdjelu.

2. U velikoj tavi zagrijte ulje na srednje jakoj vatri. Osušite govedinu. Dodajte govedinu i dobro zapržite sa svih strana, oko 10 minuta, prebacite komade na tanjur dok porumene.

3. Dodajte luk u lonac i kuhajte dok ne omekša, oko 5 minuta. Umiješajte pastu od rajčice. Dodajte vino i zakuhajte tekućinu.

4. Vratiti meso u tavu. Dodajte gljive i njihovu tekućinu, listove lovora, klinčiće te sol i papar po ukusu. Dodajte juhu. Poklopite i pirjajte uz povremeno miješanje dok meso ne omekša i tekućina se reducira, 2 1/2 do 3 sata. Ako ima previše tekućine, otklopite lonac zadnjih 30 minuta. Uklonite listove lovora. Poslužite vruće.

Varivo od miješanog mesa, na lovački način

Scottiglia

Za 8 do 10 porcija

U Toskani, kada je meso bilo rijetko, nekoliko lovaca bi se okupilo i dalo male komadiće mesa koje su imale kako bi se napravio ovaj složeni gulaš. Sve od govedine, piletine, janjetine ili svinjetine do fazana, zeca ili biserke može se dodati ili zamijeniti. Što je veći izbor mesa, gulaš će imati bogatiji okus.

¼ šalice maslinovog ulja

1 pile, izrezano na 8 dijelova za posluživanje

Teleći gulaš od 1 funte bez kostiju, izrezan na komade od 2 inča

1 funta janjeće lopatice, izrezane na komade od 2 inča

1 funta svinjske lopatice, izrezane na komade od 2 inča

1 veliki crveni luk, sitno nasjeckan

2 meka rebra celera, nasjeckana

2 velike mrkve, sitno nasjeckane

2 češnja češnjaka, sitno nasjeckana

1 šalica suhog crnog vina

Sol

½ žličice mljevene crvene paprike

2 šalice nasjeckanih rajčica, svježih ili konzerviranih

1 žlica nasjeckanog svježeg ružmarina

2 šalice domaćeg<u>Pileća juha</u>,<u>Juha od mesa</u>, ili kupovnu pileću ili goveđu juhu

Ukrasiti

8 kriški talijanskog ili francuskog kruha

2 velika režnja češnjaka, oguljena

1. U pećnici dovoljno velikoj da u nju stanu svi sastojci ili u drugom dubokom, teškom loncu s poklopcem koji čvrsto prianja, zagrijte ulje na srednje jakoj vatri. Osušite meso. Dodajte samo onoliko komada koliko će udobno stati u jedan sloj. Dobro zapecite komade sa svih strana, oko 10 minuta po seriji, a zatim ih prebacite na tanjur. Nastavite dok svo meso ne porumeni.

2. Dodajte luk, celer, mrkvu i češnjak u tavu. Kuhajte, često miješajući, dok ne omekša, oko 10 minuta.

3. Vratite meso u tavu i dodajte vino, sol po ukusu i mljevenu crvenu papriku. Pustite tekućinu da zakuha. Dodajte rajčice, ružmarin i juhu. Smanjite vatru tako da tekućina jedva mjehuri. Kuhajte uz povremeno miješanje dok sve meso ne omekša, oko 90 minuta. (Dodajte malo vode ako umak postane presuh.)

4. Tostirajte kriške kruha i natrljajte ih oguljenim češnjakom. Rasporedite meso i umak na veliki pladanj. Stavite kriške kruha svuda okolo. Poslužite vruće.

Goveđi gulaš

Goulash di Manzo

Za 8 porcija

Sjeverni dio Trentina–Alto Adige je nekada bio dio Austrije; anektirala ga je Italija nakon Prvog svjetskog rata. Zbog toga je hrana austrijska, ali s talijanskim naglaskom.

Osušeni začini poput paprike dobri su samo oko šest mjeseci nakon otvaranja posude. Nakon toga, okus blijedi. Prilikom pripreme ovog variva isplati se kupiti novu staklenku. Obavezno koristite papriku uvezenu iz Mađarske. Možete koristiti svu slatku papriku ili kombinaciju slatke i ljute po vašem ukusu.

3 žlice svinjske masti, slanine ili biljnog ulja

Goveđi komad od 2 funte bez kostiju, izrezan na komade od 2 inča

Sol i svježe mljeveni crni papar

3 velika luka, tanko narezana

2 češnja češnjaka nasjeckana

2 šalice suhog crnog vina

¼ šalice slatke mađarske paprike ili kombinacije slatke i ljute paprike

1 list lovora

Traka limunove korice od 2 inča

1 žlica dvostruko koncentrirane paste od rajčice

1 žličica mljevenog kima

½ žličice sušenog mažurana

Svježi sok od limuna

1. U velikoj pećnici ili drugom dubokom, teškom loncu s poklopcem koji čvrsto prianja, zagrijte svinjsku mast na srednjoj vatri. Osušite meso i dodajte u tavu samo onoliko komada koliko vam stane u jedan sloj. Dobro zapržite komade sa svih strana, oko 10 minuta po seriji. Prebacite meso na tanjur i pospite solju i paprom.

2. Dodajte luk u tavu i kuhajte, često miješajući, dok ne omekša i ne porumeni, oko 15 minuta. Umiješajte češnjak. Dodajte vino i ostružite dno posude. Vratiti meso u tavu. Pustite tekućinu da zakuha.

3. Pomiješajte papriku, lovorov list, koricu limuna, pastu od rajčice, kumin i mažuran. Dodajte toliko vode da jedva prekrije meso.

4. Pokrijte lonac i kuhajte 2 1/2 do 3 sata ili dok meso ne omekša na vilici. Umiješajte limunov sok. Uklonite lovorov list i koricu limuna. Kušajte i prilagodite začine. Poslužite vruće.

Gulaš od volovskog repa, na rimski način

Coda alla Vaccinara

Za 4 do 6 porcija

Iako volovski repovi nemaju puno mesa, ono što ima je vrlo ukusno i mekano kada se polako pirja na rimski način. Ostatak umaka dobar je za rigatone ili drugu debelo narezanu tjesteninu.

¼ šalice maslinovog ulja

3 funte volovskog repa, izrezanog na komade od 1½ inča

1 veliki luk, nasjeckan

2 češnja češnjaka, sitno nasjeckana

1 šalica suhog crnog vina

2½ šalice oguljenih, sjemenki i nasjeckanih svježih rajčica ili ocijeđenih i nasjeckanih rajčica iz konzerve

¼ žličice mljevenog klinčića

Sol i svježe mljeveni crni papar

2 šalice vode

6 mekih rebara celera, nasjeckanih

1 žlica nasjeckane gorke čokolade

3 žlice pinjola

3 žlice grožđica

1. U velikoj pećnici ili drugom dubokom, teškom loncu s poklopcem koji čvrsto prianja, zagrijte maslinovo ulje. Osušite volovski rep i dodajte u tavu onoliko komada koliko vam odgovara u jednom sloju. Dobro zapržite komade sa svih strana, oko 10 minuta po seriji. Prebacite komade na tanjur.

2. Dodajte luk i kuhajte uz povremeno miješanje dok ne porumeni. Umiješajte češnjak i kuhajte još 1 minutu. Umiješajte vino, stružući dno posude.

3. Vratite volovski rep u tavu. Dodajte rajčice, klinčiće, sol i papar po ukusu i vodu. Pokrijte posudu i pustite da tekućina zakuha. Smanjite vatru i kuhajte uz povremeno miješanje dok meso ne omekša i ne odvaja se od kostiju, oko 3 sata.

4. U međuvremenu zakuhajte veliki lonac s vodom. Dodajte celer i kuhajte 1 minutu. Dobro ocijediti.

5. U posudu s volovskim repovima umiješajte čokoladu. Dodajte celer, pinjole i grožđice. Zakuhajte. Poslužite vruće.

Pirjana goveđa koljenica

Garretto al Vino

Čini 6 porcija

U ovom sporo kuhanom jelu bogatog okusa debele ploške goveđih koljenica pirjaju se s povrćem i crnim vinom. Kuhano povrće koje ga prati pasira se sa sokom od kuhanja kako bi se napravio ukusan umak za meso. Poslužite uz prilog od krumpira ili palente ili prelijte malo umakaNjoki od krumpira.

2 žlice neslanog maslaca

1 žlica maslinovog ulja

3 (1 1/2 inča debljine) kriške goveđeg buta (oko 3 funte), dobro podrezane

Sol i svježe mljeveni crni papar

4 mrkve, nasjeckane

3 rebra celera, nasjeckana

1 veliki luk, nasjeckan

2 šalice suhog crnog vina

1 list lovora

1. U velikoj pećnici ili drugom dubokom, teškom loncu s poklopcem koji čvrsto prianja, otopite maslac s uljem. Meso osušite tapkanjem i dobro zapecite sa svih strana, oko 10 minuta. Pospite solju i paprom. Prebacite meso na tanjur.

2. Dodajte povrće i kuhajte uz često miješanje dok lijepo ne porumeni oko 10 minuta.

3. Dodajte vino i kuhajte stružući drvenom kuhačom po dnu posude. Kuhajte vino 1 minutu. Vratite junetinu u lonac i dodajte lovorov list.

4. Pokrijte tavu i smanjite vatru. Ako tekućina previše ispari, dodajte malo tople vode. Kuhajte 2 1/2 do 3 sata, povremeno okrećući meso, dok ne omekša kad ga probodete nožem.

5. Izvadite meso na tanjur i poklopite da ostane toplo. Bacite lovorov list. Provucite povrće kroz mlin za hranu ili ga ispasirajte u blenderu. Kušajte i prilagodite začine. Po potrebi podgrijte. Žlicom prelijte umak od povrća preko govedine. Poslužite odmah.

Patlidžan punjen govedinom

Zreli patlidžan

Za 4 do 6 porcija

Mali patlidžani duljine oko tri inča idealni su za punjenje. Dobre su tople ili na sobnoj temperaturi.

2 1/2 šalice bilo koje Umak od rajčice

8 malih patlidžana

Sol

12 unci mljevene govedine

2 unce nasjeckane salame ili uvoznog talijanskog pršuta

1 veliko jaje

1 češanj češnjaka, sitno nasjeckan

1/3 šalice običnih suhih krušnih mrvica

1/4 šalice naribanog pecorina romana ili parmigiano-reggiana

2 žlice nasjeckanog svježeg peršina

Sol i svježe mljeveni crni papar

1. Po potrebi pripremite umak od rajčice. Zatim postavite rešetku u sredinu pećnice. Zagrijte pećnicu na 375°F. Nauljite posudu za pečenje 12 × 9 × 2 inča.

2. Zakuhajte veliki lonac vode. Patlidžanima odrežite vrhove i prerežite patlidžane po dužini na pola. Dodajte patlidžane u vodu sa soli po ukusu. Pirjajte dok patlidžani ne omekšaju, 4 do 5 minuta. Patlidžane stavite u cjedilo da se ocijede i ohlade.

3. Malom žličicom izdubite pulpu svakog patlidžana, ostavljajući ljusku debljine 1/4 inča. Nasjeckajte pulpu i stavite je u veliku zdjelu. Školjke slažite u posudu za pečenje kožom prema dolje.

4. U pulpu patlidžana dodajte junetinu, salamu, jaje, češnjak, krušne mrvice, sir, peršin te sol i papar po ukusu. Žlicom stavljajte smjesu u ljuske patlidžana, poravnajte vrhove. Žlicom prelijte umak od rajčice preko patlidžana.

5. Pecite dok se nadjev ne skuha, oko 20 minuta. Poslužite vruće ili na sobnoj temperaturi.

Napuljske mesne okruglice

Mesna štruca

Čini 6 porcija

Moja majka je pravila seriju ovih mesnih okruglica jednom tjedno da ih doda u veliki lonac ragua. Kad god nije gledala, netko bi izvadio jednu iz lonca da je pojede kao međuobrok. Naravno da je znala, pa je često radila duplu seriju.

3 šalice napuljski Ragùsati Marinara umak

1 funta mljevene junetine

2 velika jaja, istučena

1 veliki češanj češnjaka, sitno nasjeckan

½ šalice svježe naribanog pecorina romana

½ šalice običnih krušnih mrvica

2 žlice sitno nasjeckanog svježeg plosnatog peršina

1 žličica soli

Svježe mljeveni crni papar

¼ šalice maslinovog ulja

1. Po potrebi pripremite ragù ili umak. Zatim u velikoj zdjeli pomiješajte govedinu, jaja, češnjak, sir, krušne mrvice, peršin te sol i papar po ukusu. Rukama dobro izmiješajte sve sastojke.

2. Isperite ruke hladnom vodom kako biste spriječili lijepljenje, zatim lagano oblikujte smjesu u kuglice od 2 inča. (Ako radite mesne okruglice koje ćete koristiti u lazanjama ili pečenom zitiju, oblikujte meso u malene okruglice veličine malog zrna grožđa.)

3. Zagrijte ulje u velikoj teškoj tavi na srednje jakoj vatri. Dodajte polpete i pržite ih dok lijepo ne porumene sa svih strana, oko 15 minuta. (Pažljivo ih okrećite hvataljkama.) Prebacite polpete na tanjur.

4. Prebacite mesne okruglice u tavu s ragu ili umakom od rajčice. Pirjajte dok ne bude kuhano, oko 30 minuta. Poslužite vruće.

Mesne okruglice s pinjolima i grožđicama

Polpette con Pinoli e Uve Secche

Pravi 20 mesnih okruglica od 2 inča

Tajna dobre sočne polpete ili mesne štruce je dodavanje kruha ili krušnih mrvica u smjesu. Kruh upija mesne sokove i zadržava ih dok se meso peče. Za izuzetno hrskavu vanjštinu, ove mesne okruglice se također uvaljaju u suhe krušne mrvice prije kuhanja. Ovaj recept mi je dao moj prijatelj Kevin Benvenuti koji je vlasnik gurmanske trgovine u Westinu na Floridi. Recept je bio njegove bake Karoline.

Neki kuhari vole preskočiti korak prženja i dodati mesne okruglice izravno u umak. Ćufte ispadnu mekše. Više volim čvršću teksturu i bolji okus koji dobijete prženjem.

3 šalice napuljski Ragù ili drugi umak od rajčice

1 šalica običnih suhih krušnih mrvica

4 kriške talijanskog kruha, očišćene od kore i natrgane na male komadiće (oko 2 šalice)

½ šalice mlijeka

2 funte miješane mljevene junetine, teletine i svinjetine

4 velika jaja, lagano tučena

2 češnja češnjaka, sitno nasjeckana

2 žlice sitno nasjeckanog svježeg plosnatog peršina

½ šalice grožđica

½ šalice pinjola

½ šalice ribanog pecorina romana ili parmigiano-reggiana

1½ žličice soli

¼ žličice svježe mljevenog muškatnog oraščića

Svježe mljeveni crni papar

¼ šalice maslinovog ulja

1. Po potrebi pripremite ragù ili umak. Stavite krušne mrvice u plitku zdjelu. Zatim potopite kruh u mlijeko 10 minuta. Ocijedite kruh i ocijedite višak tekućine.

2. U velikoj zdjeli pomiješajte meso, kruh, jaja, češnjak, peršin, grožđice, pinjole, sir, sol, muškatni oraščić i papar po ukusu. Rukama dobro izmiješajte sve sastojke.

3. Isperite ruke hladnom vodom kako biste spriječili lijepljenje, zatim lagano oblikujte smjesu u kuglice od 2 inča. Polpete lagano uvaljajte u krušne mrvice.

4. Zagrijte ulje u velikoj teškoj tavi na srednje jakoj vatri. Dodajte polpete i pržite dok lijepo ne porumene sa svih strana, oko 15 minuta. (Pažljivo ih okrećite kliještima.)

5. Stavite mesne okruglice u ragù ili umak. Pirjajte dok ne bude kuhano, oko 30 minuta. Poslužite vruće.

Ćufte s kupusom i rajčicama

Polpettine Stufato con Cavolo

Za 4 porcije

Ćufte su jedno od onih dušekorisnih jela koja se prave gotovo posvuda, svakako u svakoj regiji Italije. Ipak, Talijani nikada ne služe mesne okruglice sa špagetima. Osjećaju da bi težina mesa nadvladala delikatne niti tjestenine. Također, tjestenina je prvo jelo, a svako meso veće od veličine zalogaja služi se kao drugo jelo. U ovom receptu iz Furlanije-Julijske krajine mesne okruglice poslužuju se sa kupusom koji se polako kuha. To je izdašno jelo za posluživanje u hladnoj noći.

2 češnja češnjaka, sitno nasjeckana

2 žlice maslinovog ulja

1 manja glavica kupusa, nasjeckana

1 1/2 šalice ocijeđenih cijelih rajčica iz konzerve, nasjeckanih

Sol

Mesne okruglice

1 šalica natrganog talijanskog ili francuskog kruha bez korice

½ šalice mlijeka

1 funta mljevene junetine

1 veliko jaje, istučeno

½ šalice svježe naribanog parmigiano-reggiana

1 veliki režanj češnjaka, nasjeckan

2 žlice nasjeckanog svježeg peršina

Sol i svježe mljeveni crni papar

¼ šalice maslinovog ulja

1. U velikom loncu kuhajte češnjak na maslinovom ulju na srednjoj vatri dok ne postane lagano zlatne boje, oko 2 minute. Dodajte kupus i dobro promiješajte. Dodajte rajčice i posolite po ukusu. Poklopite i kuhajte na laganoj vatri uz povremeno miješanje 45 minuta.

2. U srednjoj zdjeli pomiješajte kruh i mlijeko. Pustite da odstoji 10 minuta, a zatim ocijedite višak mlijeka.

3. U velikoj zdjeli pomiješajte govedinu, kruh, jaje, sir, češnjak, peršin te sol i papar po ukusu. Rukama dobro izmiješajte sve sastojke.

4. Isperite ruke hladnom vodom kako biste spriječili lijepljenje, zatim lagano oblikujte mesnu smjesu u kuglice od 2 inča. Zagrijte ulje u velikoj teškoj tavi na srednje jakoj vatri. Pržite polpete dok lijepo ne porumene sa svih strana. (Pažljivo ih okrećite hvataljkama.) Prebacite polpete na tanjur.

5. Ako u loncu s kupusom ima puno tekućine, ostavite poklopac i kuhajte dok se ne reducira. Dodajte polpete i prekrijte ih kupusom. Kuhajte još 10 minuta. Poslužite vruće.

Ćufte na bolonjski način

Polpette alla Bolognese

Čini 6 porcija

Ovaj recept je moja adaptacija jela u Trattoria Gigina u Bologni. Iako je domaći kao i svaki drugi recept za mesne okruglice, mortadela u mesnoj smjesi i vrhnje u umaku od rajčice čine ga malo sofisticiranijim.

Umak

1 manja glavica luka sitno nasjeckana

1 srednja mrkva, sitno nasjeckana

1 mala rebra mekog celera, sitno nasjeckana

2 žlice maslinovog ulja

1 1/2 šalice pirea od rajčice

1/2 šalice gustog vrhnja

Sol i svježe mljeveni crni papar

Mesne okruglice

1 funta nemasne mljevene govedine

8 unci mortadele

½ šalice svježe naribanog parmigiano-reggiana

2 velika jaja, istučena

½ šalice običnih suhih krušnih mrvica

1 žličica košer ili morske soli

¼ žličice mljevenog muškatnog oraščića

Svježe mljeveni crni papar

1. **Pripremite umak:** U velikom loncu ili dubokoj teškoj tavi kuhajte luk, mrkvu i celer na maslinovom ulju na srednjoj vatri dok ne porumene i ne omekšaju, oko 10 minuta. Dodajte rajčicu, vrhnje te sol i papar po ukusu. Zakuhajte.

2. **Pripremite mesne okruglice:** Stavite sastojke za mesne okruglice u veliku zdjelu. Rukama dobro izmiješajte sve sastojke. Isperite ruke hladnom vodom kako biste spriječili lijepljenje, zatim lagano oblikujte smjesu u kuglice od 2 inča.

3. Prebacite mesne okruglice u umak koji se kuha. Poklopite i kuhajte, povremeno okrećući mesne okruglice, dok ne budu kuhane, oko 20 minuta. Poslužite vruće.

Ćufte u marsali

Polpette al Marsala

Za 4 porcije

Moj prijatelj Arthur Schwartz, stručnjak za napuljsku kuhinju, opisao mi je ovaj recept za koji kaže da je vrlo popularan u Napulju.

1 šalica talijanskog kruha bez korice, narezanog na komadiće

¼ šalice mlijeka

Otprilike ½ šalice višenamjenskog brašna

1 funta mljevene govedine okruglo

2 velika jaja, istučena

½ šalice svježe naribanog parmigiano-reggiana

¼ šalice nasjeckane šunke

2 žlice nasjeckanog svježeg peršina

Sol i svježe mljeveni papar

3 žlice neslanog maslaca

½ šalice suhe marsale

½ šalice domaćeg Juha od mesa ili kupovnu goveđu juhu

1. U maloj zdjeli namočite kruh u mlijeko na 10 minuta. Iscijedite tekućinu. Stavite brašno u plitku zdjelu.

2. U veliku zdjelu stavite kruh, govedinu, jaja, sir, šunku, peršin te sol i papar. Rukama dobro izmiješajte sve sastojke. Isperite ruke hladnom vodom kako biste spriječili lijepljenje, zatim lagano oblikujte smjesu u osam kuglica od 2 inča. Kuglice uvaljati u brašno.

3. U tavi dovoljno velikoj da u nju stanu sve mesne okruglice, otopite maslac na srednje niskoj temperaturi. Dodajte mesne okruglice i kuhajte ih pažljivo okrećući hvataljkama dok lijepo ne porumene oko 15 minuta. Dodajte marsalu i juhu. Kuhajte dok se tekućina ne reducira i mesne okruglice ne budu kuhane, 4 do 5 minuta. Poslužite vruće.

Mesna štruca, na stari napuljski način

Polpettone di Santa Chiara

Za 4 do 6 porcija

Ovaj recept zahtijeva pečenje u pećnici, iako bi se izvorno štruca popržila u tavi, a zatim kuhala s malo vina u poklopljenoj posudi. Tvrdo kuhana jaja u sredini stvaraju efekt bikovskog oka kada se štruca reže. Iako ovaj recept zahtijeva svu govedinu, mješavina mljevenog mesa dobro funkcionira.

2/3 šalice jednodnevnog talijanskog kruha bez korice

1/3 šalice mlijeka

1 funta mljevene govedine okruglo

2 velika jaja, istučena

Sol i svježe mljeveni crni papar

4 unce nedimljene šunke, nasjeckane

1/2 šalice nasjeckanog sira Pecorino Romano ili provolone

4 žlice običnih suhih krušnih mrvica

2 tvrdo kuhana jaja

1. Postavite rešetku u sredinu pećnice. Zagrijte pećnicu na 350°F. Nauljite četvrtastu tepsiju od 9 inča.

2. Namočite kruh u mlijeko 10 minuta. Stisnite kruh kako biste uklonili višak tekućine.

3. U velikoj zdjeli pomiješajte govedinu, kruh, jaja te sol i papar po ukusu. Umiješajte šunku i sir.

4. Na veliki list voštanog papira razbacajte polovicu krušnih mrvica na komad voštanog papira. Polovicu mesne smjese rasporedite po papiru u obliku pravokutnika 8×4 inča. Stavite dva tvrdo kuhana jaja po dužini u jedan red niz sredinu. Stavite preostalu mesnu smjesu na vrh, pritišćući meso jedno uz drugo da formirate urednu štrucu dugu oko 8 inča. Stavite štrucu u pripremljenu posudu. Gornju i bočnu stranu pospite preostalim mrvicama.

5. Pecite štrucu oko 1 sat ili dok unutarnja temperatura ne dosegne 155°F na termometru s trenutnim očitavanjem. Pustite da se ohladi 10 minuta prije rezanja. Poslužite vruće.

Pečenje u loncu s crnim vinom

Brasato al Barolo

Za 6 do 8 porcija

Pijemontski kuhari krčkaju velike komade govedine u regionalnom vinu Barolo, ali dobro bi poslužilo i drugo izdašno suho crno vino.

3 žlice maslinovog ulja

1 goveđi okrajak bez kostiju ili okruglo pečenje na dnu (oko 3 1/2 funte)

2 unce pancete, nasjeckane

1 srednja glavica luka, nasjeckana

2 češnja češnjaka, sitno nasjeckana

1 šalica suhog crnog vina, kao što je Barolo

2 šalice oguljenih, sjemenki i nasjeckanih rajčica

2 šalice domaćeg Juha od mesa ili kupovnu goveđu juhu

2 mrkve, narezane na ploške

1 rebro celera, narezano na ploške

2 žlice nasjeckanog svježeg peršina

Sol i svježe mljeveni crni papar

1. U velikoj pećnici ili drugom dubokom, teškom loncu s poklopcem koji čvrsto prianja, zagrijte ulje na srednje jakoj vatri. Dodajte govedinu i dobro je zapecite sa svih strana oko 20 minuta. Začinite po ukusu solju i paprom. Prebacite na tanjur.

2. Žlicom odvojite sve osim dvije žlice masnoće. U lonac dodajte pancetu, luk i češnjak. Kuhajte, često miješajući, dok ne omekša, oko 10 minuta. Dodajte vino i zakuhajte.

3. Dodajte rajčice, juhu, mrkvu, celer i peršin. Pokrijte posudu i pustite da tekućina zakuha. Kuhajte na laganoj vatri, povremeno okrećući meso, 2 1/2 do 3 sata, ili dok ne omekša kada ga probodete vilicom.

4. Prebacite meso na tanjur. Pokrijte i držite na toplom. Ako vam se tekućina u loncu čini prerijetka, pojačajte vatru i kuhajte dok se malo ne smanji. Kušajte umak i prilagodite začine. Narežite junetinu i poslužite je vruću s umakom.

www.ingramcontent.com/pod-product-compliance
Lightning Source LLC
Chambersburg PA
CBHW070505120526
44590CB00013B/757